ALL'OMBRA DELLA STORIA

STEFANIA CRAXI

ALL'OMBRA DELLA STORIA

La mia vita
tra politica e affetti

Prefazione di
PAOLO DEL DEBBIO

PIEMME

Pubblicato per

PIEMME

da Mondadori Libri S.p.A.

ISBN 978-88-566-9413-0

I Edizione ottobre 2024

Anno 2024-2025-2026 – Edizione 1 2 3 4 5 6 7 8 9 10

A Stella e Cesare
che per portare un fiore al bisnonno
dovranno attraversare il mare.

Prefazione
di Paolo Del Debbio

L'interesse di questo libro non sta nel conoscere come vive la figlia di uno dei più importanti leader politici italiani del Novecento, i problemi che affronta, le opportunità e i disagi che questa vita comporta. Anche se potrebbero destare un qualche interesse anch'essi, nel mettere in rilievo per una figlia di un politico di rilievo nazionale e internazionale le difficoltà di crearsi una strada autonoma senza essere sempre bollata come «figlia di» e di conquistarsi una stima legata ai propri meriti e alle proprie capacità. Interessante, solo ad esempio, il capitolo dove racconta tutta la sua avventura lavorativa nel mondo televisivo, condivisa in larga parte con suo marito, Marco Bassetti, perché apre uno scenario sul mondo vulcanico della televisione negli anni Ottanta, ma soprattutto delle difficoltà incontrate, appunto, tra atteggiamenti servili prima, con il padre sugli altari, e rifiuti immotivati e violenti poi, con il padre nella polvere.

L'interesse principale mi sembra, tuttavia, un altro: quello di scoprire – soprattutto per chi non conosce o non ha vissuto la vita politica italiana dal dopoguerra al 1992 – cosa abbia significato nel secolo scorso appartenere alla famiglia naturale che si allarga alla famiglia politica, in questo caso quella socialista autonomista e riformista. Sì, perché nel Novecento sono esistite le famiglie politiche e, quindi, era del tutto naturale avere una cultura e una storia, un dibattito interno di notevole livello sia di teoria sia di prassi politica, un cammino in salita per raggiungere posti di rilievo (cioè una gavetta non evitabile, difficile trovare delle scorciatoie), una progressiva e intensa attività formativa non legata solamente ai diversi gradini della gerarchia politica che si riusciva a salire, realtà sociali e ludiche che facevano da contorno comune a quella famiglia, pubblicazione di quotidiani, periodici e libri, attività artistiche che, anche se non collegate direttamente al partito, respiravano quell'aria, attività per i giovani del partito, rapporti con i partiti della stessa cultura politica di diversi Paesi e continenti, fondazioni e associazioni culturali che gravitavano attorno. Tutte realtà che, oggi, sono quasi del tutto scomparse contribuendo non poco a rendere più misero il dibattito politico e culturale.

Ecco, il libro di Stefania Craxi racconta questo tipo di famiglia in cui, come in una specie di gioco di specchi, quella naturale, direi biologica, si allargava alla presenza di quella politica e quest'ultima entrava in quella naturale in modo da permearne i ritmi stessi di vita, le discussioni, gli aspetti conviviali. Questo, che a prima vista potrebbe sembrare una sorta di descrizione sociologica di cui si percepisce soltanto un significato vagamente memorialistico, in realtà nasconde una visione della vita politica – e in special modo della militanza politica – nonché della struttura stessa del rapporto tra partiti e politica che, dopo il 1992, ha cambiato radicalmente volto.

Tanto per intenderci, Stefania Craxi sceglie come titolo *All'ombra della storia*, che condensa la profondità, direi la sostanza, dello spartiacque che ha significato il prima e il dopo del 1992. La politica dal 1946, anno del referendum democrazia-monarchia, ma anche dell'elezione dei membri della Assemblea costituente, e poi, più decisamente, dal 1948 ha visto il popolo italiano esprimere la sua classe politica attraverso il voto di cittadini e cittadine che hanno scelto i partiti in base alla coscienza che quel partito rappresentava per la loro storia, la loro cultura, la loro visione della vita. Chiari erano i padri fondatori, chiare le loro idee di società e di Stato, distinte erano le loro visioni sullo sviluppo dell'economia, chiare erano anche le famiglie politiche internazionali cui appartenevano. In altri termini, e nell'intento di sottolineare, una volta di più, il radicamento di queste culture politiche non bisogna dimenticare che esse erano state precedute da lunghi anni di raffinate elaborazioni teoriche, di discussioni interne, di scissioni (come quella di Livorno del 1921). Radici solide, profonde, resistenti al mutare dei tempi e capaci, al contempo, di adattarsi alle nuove temperie culturali, sociali, economiche e politiche.

«Voto di appartenenza» potremmo chiamare il voto che ha caratterizzato la vita politica dalla fine della guerra agli anni Ottanta del Ventesimo secolo nel nostro Paese come, del resto in molti altri Paesi europei. A esso dal 1994 in poi, anno della «discesa in campo» di Silvio Berlusconi, si è gradualmente sostituito il «voto della leadership» (basti ricordare la lunga stagione del duello Berlusconi-Prodi), che non ha annullato il dibattito politico e teorico ma che ha contribuito alla sparizione istantanea delle grandi famiglie politiche con conseguente disorientamento degli elettori, spostando quindi il voto dall'appartenenza all'individuazione di un leader che potesse rappresentarli se non al meglio, diciamo alla meno peggio. Poi, soprattutto con l'avvento dei Cinquestelle, fondati e guidati da un comico che delle tradizioni politiche novecentesche non aveva né l'idea, né soprattutto la statura, come Beppe Grillo, si è inaugurata la stagione del «voto sensazionalistico», tutto giocato sull'improvvisazione, senza radici, senza una riflessione teorica adeguata (anzi assente proprio), complice primario l'utilizzo di internet e dei social, in un mondo virtuale privo di qualsiasi contatto umano che non fosse costituito dall'assistere ai comizi-spettacolo (difficile delimitarne i confini) di Grillo stesso, con tutto ciò che è seguito fino allo spettacolo indegno offerto ai nostri giorni.

Capite bene che il passaggio «voto di appartenenza-voto della leadership-voto sensazionalistico» marca una distanza certamente in negativo e con il peggiore approdo che ci si sarebbe potuti aspettare.

Prima abbiamo vissuto nel tempo delle ideologie, intese nel senso più nobile del termine, cioè non come giustificazioni dello *status quo*, ma come il complesso delle idee e delle mentalità proprie di una società o di un gruppo sociale in un determinato periodo storico, che formano comportamenti e scelte concrete fino, ovviamente, a quelle politiche. Il periodo storico che comprende quasi integralmente il secolo scorso è stato quello delle ideologie. Quella famiglia di cui ci parla e racconta Stefania Craxi, con gli occhi di una poco più che bambina che, col passare degli anni, ne vede e ne comprende gradualmente il significato e la portata, è la famiglia del socialismo, che con suo padre tornò a essere liberale (figlio in un certo senso del socialismo autonomista di Pietro Nenni), la versione più ariosa del socialismo. I padri fondatori di questa corrente furono certamente Filippo Turati e Anna Kuliscioff, nonché gli intellettuali che si raccolsero attorno alla rivista *Critica sociale*. Certamente anche il Carlo Rosselli di *Socialismo liberale*. Quella versione del socialismo più «scapigliata» e lontana dal socialismo e dal comunismo massimalisti e ingessati, essi sì, in un'ideologia intesa in senso negativo e cioè come un complesso di idee mistificatorie e propagandistiche alla quale questo tipo di socialismo ha sempre opposto una visione realistica e pragmatica (riformista) della realtà politica, economica e sociale. In questo tipo di «ideologia», che, purtroppo, è presentissima nell'attuale dibattito (se così possiamo definirlo) politico, sotto svariate forme: ambientalista, giustizialista, anti-mercato. La realtà vale meno dell'ideologia e, così, si disegnano modelli di società astratti, economie che non «funzionano», con conseguenze di vario tipo, i cui errori e mistificazioni finiscono poi per gravare sui cittadini che ne subiscono le nefaste conseguenze.

Sono stati anni di grandi dibattiti ideologici e politici, soprattutto a sinistra. Basti pensare alla vivacità delle riviste *Rinascita* del Pci o *Mondo operaio* del Psi, l'articolo di Craxi su Proudhon, il dibattito interno al Pci tra Pietro Ingrao e Giovanni Amendola, nonché gli articoli di Enrico Berlinguer sulla via italiana ed europea (discussa anche in Francia da Roger Garaudy) al comunismo. Sembra di parlare, a pensarci oggi, di un altro pianeta, di un'altra storia, di un'altra politica. E così, in effetti, è. La Dc aveva anch'essa una rivista, *La Discussione*, ma il dibattito era meno vivace, a tratti anche bolso. Del resto, la riflessione politica dei cattolici, e anche ideologico-filosofica – nonostante potesse contare su una tradizione ben più lunga (bimillenaria) di quella socialista e comunista – è sempre stata molto meno animata, se si escludono gli anni del dopoguerra fino a metà circa degli anni Sessanta del secolo scorso.

Molti intellettuali, artisti, «irregolari» (come li chiama Stefania Craxi) sia italiani che stranieri gravitavano attorno al Psi. D'altra parte, come è noto, anche se scivolato nell'oblio, Craxi aveva molti rapporti internazionali e piuttosto saldi e rilevanti. Fu sua missione quella di aiutare i popoli sottoposti a regimi che non conoscevano la parola «libertà». Stefania li ricorda con completezza e precisione per essersi spesso intrufolata col padre in consessi di tipo internazionale. Insomma, c'era una visione non solo nazionale, ma anche internazionale e l'elemento di solidarietà ai popoli oppressi, compresi ingenti finanziamenti agli stessi, furono sempre nell'agenda di Craxi, dalla Cecoslovacchia alla Polonia, dalla Spagna sotto Franco al Portogallo di Salazar, dalla Grecia dei colonnelli ai cecoslovacchi, ai russi, per non parlare dei Paesi sudamericani oppressi dai regimi e dal giogo delle dittature: cileni, argentini, uruguaiani e salvadoregni, e bene fa Stefania Craxi a ricordare la riconoscenza di quei popoli nei confronti di suo padre attraverso attestati pubblici. Basterebbe ricordare quello di Lech Wałęsa, leader di Solidarność che a Roma affermò che «senza l'aiuto di uomini come Craxi la rivoluzione polacca non avrebbe potuto vedere la luce». Per non parlare dell'incarico ricevuto dall'allora segretario Generale dell'Onu, Pérez de Cuéllar, a suo rappresentante personale per il problema del debito dei Paesi in via di sviluppo. Craxi viaggiò ovunque (del resto era noto il suo amore per «l'eroe dei due mondi», Giuseppe Garibaldi) e lo sbocco finale fu il cosiddetto «Rapporto Craxi», approvato il 23 ottobre del 1990 dall'Assemblea generale dell'Onu e che poi, purtroppo, è rimasto, per larga parte, sepolto e inattuato.

Chiaro fu il rapporto tra economia di mercato e welfare. Fu l'argomento della Conferenza programmatica del Psi, celebrata a Rimini nel 1982, nella quale la relazione di Claudio Martelli su *I meriti e i bisogni*, già dal titolo rivelava che occorreva unire ciò che la tradizione comunista e massimalista volevano dividere, il capitale e il lavoro, cercando una giustizia sociale possibile, da una parte, e uno svincolamento del mercato da tutte le bardature che lo avevano ingessato in molti anni di consociativismo, dall'altra. Bettino Craxi aveva chiaro quanto occorresse fare per l'economia reale ed ebbe un'attenzione particolare alle piccole e medie imprese perché ne intuì, con grande anticipo rispetto a tutti, le potenzialità e il ruolo trainante che ricoprivano per l'economia italiana. «Furono i socialisti» scrive Stefania Craxi «a capire che nasceva e si affermava il terziario, non più grandi fabbriche e masse di operai, ma l'avanzare dei servizi, delle partite Iva che diventavano protagoniste dell'economia, dei nuovi mestieri legati alla comunicazione.» Questo fu, tra l'altro, il motivo principale dell'intesa tra Craxi e Berlusconi, perché il leader socialista vide nell'imprenditore milanese un uomo capace di creatività e innovazione in un settore bloccato da anni dal monopolio pubblico.

La tanto malfamata «Milano da bere» fu, in realtà, una Milano che sprigionò le proprie forze sociali, economico-produttive e anche culturali, che «strappò» sé stessa dai vincoli che la potevano rendere bolsa, che non è caratteristica di Milano, capitale da sempre dell'ingegno, della creatività, della capacità di realizzare, della voglia di lavorare e costruire senza la retorica del piagnisteo.

È doveroso, per onestà intellettuale, non disegnare la Prima repubblica come un periodo della storia italiana privo di macchia e di peccato. Ovviamente non è stato così per varie ragioni e questo non è il luogo per discuterne. Ma questo non toglie né offusca la ricchezza del dibattito politico-culturale che l'ha caratterizzato.

Poi arrivò la stagione di Mani pulite, o Tangentopoli, che, in un sol colpo, spazzò via tutti partiti della Prima repubblica ad esclusione, evidentemente volontaria, del Pds, erede del Pci. La posizione di Stefania Craxi è nota da tempo ed è stata oggetto di sue dichiarazioni, convegni, prese di posizione, ricerche fino alla benemerita iniziativa di dar vita alla Fondazione Craxi, che svolge un'attività di rilettura del periodo craxiano e della figura di Bettino Craxi producendo materiale di rilevanza culturale e storico-politica e non strettamente apologetica, cosa che non avrebbe senso. Si è trattato dell'ingiusta cancellazione di un'intera classe politica per via giudiziaria, della quale suo padre è stata la prima vittima. L'esclusione del Pds da quest'opera di distruzione della Prima repubblica la denota in modo inconfutabile come un'operazione guidata anche da intenti politici, e questo ne fa un'operazione molto discutibile, ingiusta e iniqua.

Io penso che la vicenda giudiziaria di Craxi (da questo

esclusivo punto di vista si sono espressi in molti sulla figura dello statista socialista) si possa inquadrare bene rifacendosi a due momenti in particolare.

Il primo è il discorso alla Camera dei deputati che lo stesso Craxi tenne, il 3 luglio del 1992. Tutti presenti, colpì il silenzio raggelante dell'aula. E dove sostenne: «È tornato alla ribalta in modo devastante, il problema del finanziamento dei partiti, meglio del finanziamento del sistema politico nel suo complesso, delle sue degenerazioni, degli abusi che si compiono in suo nome, delle illegalità che si verificano da tempo, forse da tempo immemorabile... E tuttavia, d'altra parte, ciò che bisogna dire, e che tutti sanno, del resto, è che buona parte del finanziamento politico è irregolare o illegale... Non credo che ci sia nessuno in quest'aula, responsabile politico di organizzazioni importanti, che possa alzarsi e pronunciare un giuramento in senso contrario a quanto affermo: presto o tardi i fatti si incaricherebbero di dichiararlo spergiuro». E, infatti, nessuno si alzò, tutti sapevano, tutti – ripeto tutti – avevano preso soldi in modo illecito e illegale, ma nessuno ebbe il coraggio di denunciare e ammettere, nessuno, dal primo all'ultimo. Se avessero avuto quel coraggio, probabilmente la storia avrebbe preso un'altra direzione, se non altro nella coscienza degli italiani. Il coniglio prevalse sul leone.

Il secondo fu l'interrogatorio subito da Craxi a opera del principe di Tangentopoli, il pm dottor Antonio Di Pietro; Craxi non balbettò, non scaricò tutto, come avevano fatto altri, sui segretari amministrativi, confessò esattamente come andavano le cose per tutti i partiti politici. Eugenio Scalfari criticò l'atteggiamento di Di Pietro dalle colonne de *la Repubblica* considerandolo accomodante e non incalzante come nei confronti di altri, ma cosa avrebbe dovuto dire il pm di fronte a un imputato che diceva la verità che gli altri avevano nascosto in modo più o meno miserabile? Craxi non si astenne dal rilevare come fosse rimasto fuori dal processo il Pds, facendo il nome di Giorgio Napolitano, che era stato ministro degli esteri del Pci per decenni, chiedendosi come avrebbe potuto non essersi accorto di finanziamenti ingenti provenienti dall'Unione Sovietica che permettevano di tenere in piedi la più grande struttura di un partito comunista europeo. Anche qui silenzio assoluto. Il coniglio prevalse di nuovo sul leone.

C'è altro? Sì, e lo racconta bene Stefania Craxi in questo libro: lo strazio umano e familiare, e quello dei pochi amici che rimasero fedeli e non si dettero alla macchia come qualcuno che oggi ricopre incarichi istituzionali molto importanti e che «non poteva non sapere». Claudio Martelli si presentò spontaneamente e ammise. Gli altri tutti spariti, la famiglia ricoperta di fango, nessun spazio di discussione, pensiero unico totale, dibattito sulla necessità di riformare il sistema di finanziamento dei partiti e della politica totalmente assente. Tutti i conigli rinchiusi al caldo nelle loro gabbiette, in attesa che passasse la bufera.

Il resto leggetelo nelle pagine di una figlia devastata dal dolore di vedere il padre ammalato e non curato, e l'ingiustizia lacerante di rendersi conto che di tutti, uno stava pagando un prezzo superiore a tutti gli altri. E tutto ciò non è servito a nulla. Oggi siamo alle solite.

Introduzione

Ho avuto una vita intensa, per lunghi tratti felice e fortunata, segnata dalla politica. Il destino ha infatti voluto che nascessi in una famiglia politica o, meglio, in un contesto di affetti in cui l'attenzione per il prossimo non era relegata alla sfera personale ma investiva la dimensione dell'impegno pubblico. Fin dai primi anni della mia vita, quando raggiunsi l'età della ragione, ho compreso che ciò avrebbe segnato indelebilmente la mia esistenza, l'avrebbe caratterizzata, ne avrebbe scandito i tempi, orientato passioni e amicizie. Non potevo però sapere in che modo e in che misura tutto ciò avrebbe orientato il mio destino, quanto potesse condizionare la quotidianità di una ragazzina, i sogni di una giovane adolescente e il suo naturale desiderio di indipendenza. Non potevo immaginare che anche le ambizioni di realizzazione professionale potessero scontrarsi con questa realtà. Con gli anni, con l'avvicendarsi delle situazioni, elezione dopo elezione, capii sempre più quanto la politica rappresentasse non solo un elemento costitutivo della mia famiglia e della mia vita ma quanto fosse l'elemento totalizzante per una parte significativa della società del tempo, il collante e, in alcuni casi, la ragione di vita per alcune generazioni segnate nel profondo dagli eventi di un Novecento travagliato.

Per me, in fondo, essere parte di quel mondo, abitato da personalità a loro modo tutte eccezionali, alcune delle quali davvero straordinarie, era al contempo formativo ed esaltante, un'esperienza unica che mi ha regalato momenti irripetibili, ricordi personali che custodisco gelosamente. Era una realtà composta da molti elementi: politica, arte, cultura, spettacolo, amici e militanti, partito e famiglia. E questo miscuglio, una palestra di vita, ha continuato a caratterizzare la mia esistenza anche quando ho iniziato a lavorare nel mondo pioneristico delle televisioni private prima e della produzione televisiva poi, avendo così la fortuna di partecipare, vista a posteriori, a quella che sarebbe stata una vera e propria rivoluzione culturale che ha contribuito a un cambio anche del costume e del linguaggio degli italiani. La politica, il consumarsi dei suoi passaggi, mi ha seguito anche nelle mie vicende private, dal mio primo breve matrimonio alla maternità, all'incontro e all'amore con Marco, l'uomo della mia vita con il quale ho condiviso tutto, passando per lo tsunami della «falsa rivoluzione» giudiziaria del '92-'94 e la morte in esilio di Craxi, dopo la quale per me nulla sarebbe stato più come prima.

Mio padre ha descritto la sua vita come una corsa a ostacoli, un tragitto lungo il quale non si è mai soffermato a chiedersi se fosse un uomo felice. La mia ha seguito questa corsa continua verso il domani. Con essa si è intrecciata, si è consumata all'ombra di una storia umana e politica che a sua volta si è intessuta con la vicenda collettiva in un tempo in cui la politica era il campo di confronto tra i migliori, e il suo primato e la sua autonomia erano un elemento connaturato al suo essere. L'ombra di questo «gigante» mi ha regalato momenti di grande gioia ma altrettanti dolori e amarezze, difficoltà che è un eufemismo definire tali e che hanno richiesto una forza d'animo non comune per essere affrontate. A distanza di anni, resta viva in me l'indignazione per la sua sorte, l'epilogo di una vicenda che segna uno squarcio nella mia anima ma che al contempo costituisce una ferita, tutt'altro che rimarginata, nell'Italia di ieri e di oggi. Un'ingiustizia che ha colpito Craxi e l'intera comunità socialista in primis, ma non solo, i cui effetti hanno avuto risvolti drammatici sulla vita di migliaia di persone ma, ancor più, hanno prodotto distorsioni nell'assetto politico e istituzionale che ancora non sono rimarginate.

Questo volume nasce da un moto dell'animo. Racconta un pezzo della mia storia, il mio Craxi, un padre difficile e straordinario, e, vagando tra i ricordi, narra le vicende della nostra famiglia, una famiglia allargata a una piccola, grande comunità politica e di amici che per anni ha condiviso tutto. In queste pagine, che inevitabilmente risentono dell'affievolirsi della memoria inesorabilmente imposto dal trascorrere del tempo, si trovano impressi alcuni miei ricordi. Mi scuso fin da ora per quanto ho dimenticato e, con un lettore più attento, per quanto ho dovuto omettere, talvolta per ragioni pratiche, altre per amor di patria. Infatti, nonostante alcune vulgate, non ho mai coltivato il rancore ma semplicemente la memoria, perché senza essa non c'è futuro possibile. Non è pertanto volontà di questo lavoro raccontare la Storia dal buco della serratura, né tantomeno dispensare pagelle ed elargire giudizi postumi su quanti, specie nella cattiva sorte, per timore, paura e viltà, hanno preso altre strade, per non dire le distanze da me, da noi, in alcuni casi facendo finta di non conoscerci. Miserie umane, direbbe Craxi, che vanno comprese. Piuttosto, c'è in queste pagine che seguono la volontà di aprirsi, di raccontare alcuni episodi che correggono ricostruzioni fantasiose, di contribuire con parole di verità alla «battaglia della storia», dopo che molto è stato detto, anche da taluni protagonisti, e altrettanto è stato taciuto.

Tra il sacro (la politica) e il profano (le mie vicende), questo breve libello racconta un pezzo di storia così come l'ho vista e vissuta, ricordando, con brevità, alcuni passaggi che meritano di essere menzionati, anche se talvolta dolorosi o forieri di violenze e barbarie. Ho vissuto un'epoca – penso ai tanto vituperati anni Ottanta – che, per quanto bistrattata, appare oggi come un sogno irraggiungibile, nella quale Milano era segnata da trasformazioni radicali, da un dinamismo profondo, all'insegna di un'inclusività che oggi sembra aver perso. Ho visto da vicino grandi uomini e molti caporali, «potenti» e disperati, persone tra le più ricche al mondo e altre davvero umili, appassionati sognatori e piccoli profittatori passare per casa nostra, cercare mio padre. E, nel vederlo in azione con loro, ho capito quanto l'essere forte con i forti (o presunti tali) e il più possibile solidale con i deboli, non sia poi così normale come si racconta.

Questo viaggio nella mia prima vita si chiude ad Hammamet, nel pomeriggio del 19 gennaio del 2000, all'inizio di un millennio carico di speranze che sembrava riservarci chissà che cosa. Per questo non parla della mia seconda vita, del mio impegno pubblico e politico, della mia esperienza nelle istituzioni. Questa parte è solo la conseguenza di ciò che è stato, delle radici a cui sento di appartenere e di cui sono figlia, della formazione che, più o meno inconsciamente, ho ricevuto. E, di più, dello stato di necessità in cui ci siamo trovati, che richiedeva una voce, magari anche inadeguata, per difendere una civiltà della ragione, quella socialista, e la storia di Bettino Craxi, non solo in quanto padre. La mia prima vita, per come me l'ero costruita, non contemplava il palcoscenico, ma semmai il dietro le quinte, lo stare fuori dallo schermo, non davanti. E, soprattutto, non prevedeva, neanche per sogno, la politica come impegno quotidiano. Ma nessuno ci chiede cosa vogliamo: la volontà si scontra con il senso del dovere, del dover agire e del dover fare, del dover dire e del dover esserci.

È questo l'insegnamento che ho tratto vivendo all'ombra della Storia. Non ne ho fatto parte, forse solo in determinati frangenti, in alcuni casi comici e in altri tragici, ma sono mio malgrado una testimone. E oggi, raggiunta l'età della maturità, quella in cui si riflette e si guarda al passato, vedo scorrere davanti ai miei occhi dei fotogrammi che mi fanno capire quanto sia distante quel tempo passato e quanto, per molti versi, quel tempo sembra non passare. È questa la ragione che mi ha spinto a condividere alcuni tratti del mio percorso, non come strumento per superare un qualche trauma, come spesso viene suggerito, ma per condividere una storia, che a guardarla bene non è solo mia, e quei sentimenti, quei valori e quei principi che l'hanno nutrita fin dal primo vagito.

1

Una compagna per la vita

Sono nata in una famiglia politica, e cosa questo abbia significato cercherò di spiegarlo nelle pagine a seguire.

Di sicuro ha voluto dire che la politica era una signora che sedeva a tavola con la mia famiglia, con la quale ci si contendeva il tempo e l'attenzione.

Il padre di mio padre si chiamava Vittorio Craxi ed era un giovane avvocato che tantissimi anni fa, dopo essersi laureato in giurisprudenza all'Università di Messina, si trasferì a Milano, perché nella città in cui era nato non c'erano troppe possibilità per crearsi un futuro. La famiglia era originaria di San Fratello, un comune sui monti Nebrodi in mezzo ai boschi, una terrazza naturale affacciata sul mare, un piccolo paese con poche prospettive per i giovani, oggi come allora, ma che sotto i Borboni era stato un centro importante.

La sua peculiarità è l'allevamento del cavallo, infatti il Sanfratellano, dopo il Maremmano e il Murgese, è una delle razze di cavalli italiani più conosciute.

Ci torno almeno una volta all'anno per onorare i miei avi, dato che la biblioteca comunale è intestata al nonno e che nel piccolo cimitero fuori dal paese esiste ancora la tomba della mia famiglia, i conti di Riveira, e pochi anni fa il sindaco, Salvatore Sidoti Pinto, intestò a mio padre la piazza antistante l'eliporto.

Non so se perché ci torno spesso o perché nel giorno della processione dei santi (Cirino, Alfio e Filadelfio) che si snoda per le strade del paese mi presento per guidarla a cavallo, fatto sta che mi hanno insignita della cittadinanza onoraria, di cui vado molto fiera, come anche delle mie ascendenze sicule e delle mie discrete doti di amazzone che devo aver ereditato per via genetica.

Gli anni in cui mio nonno lasciò Messina erano difficili per l'Italia. Il fascismo si stava diffondendo a macchia d'olio in tutto il Paese e si consolidava soprattutto nelle grandi città. Mio nonno Vittorio, durante la guerra, aveva le idee già molto chiare: dopo aver sposato la donna che amava – non senza aver messo in subbuglio la famiglia, perché lei era una santangiolina, ossia di Sant'Angelo Lodigiano, un paese agricolo in provincia di Lodi – bellissima, di grande personalità, ma di condizione sociale inferiore, dalla quale ebbe tre figli (mio padre Bettino e gli zii, Antonio e Rosilde), iniziò a stringere relazioni con gli ambienti antifascisti milanesi.

Aderì attivamente al Partito socialista italiano e cominciò la sua attività di sostegno alla lotta clandestina contro il regime fascista.

Dopo l'armistizio proclamato da Badoglio, l'8 settembre del 1943, la casa dove i miei nonni erano sfollati con tutta la famiglia, a Casasco d'Intelvi, in provincia di Como, diventò un luogo di ritrovo e protezione per molte famiglie di origine ebraica oltre che per amici e disertori che cercavano una via di fuga verso il confine svizzero. Spesso ad accompagnarli attraverso valli e canaloni era mia nonna e con lei un bambino di undici anni, mio padre, orgogliosissimo di quello che stava facendo per condurre verso la libertà quelle persone. Anche lui era nato in una famiglia politica.

Durante la guerra mio nonno Vittorio fu membro dell'esecutivo lombardo del Partito socialista. Nel suo ufficio di via Podgora, non lontano da piazza del Duomo e vicinissimo al luogo in cui i fascisti stavano costruendo il futuro Palazzo di Giustizia di Milano in stile razionalista – quello che in futuro avrebbe dovuto far pensare a una nuova era di ordine e stabilità, e che io ho considerato negli anni Novanta il luogo dell'ingiustizia per eccellenza – si incontravano di nascosto uomini e donne che facevano parte del Comitato Nazionale di Liberazione lombardo, gli stessi che in anni non troppo lontani avrebbero rivestito un ruolo centrale nella rinascita politica del nostro Paese. Patrioti, socialisti e partigiani, come Sandro Pertini, sua moglie Carla Voltolina, Lelio Basso e Antonio Greppi. E fu sempre in via Podgora, nei giorni precedenti il 25 aprile, che Mussolini fece recapitare, tramite Carlo Silvestri, un messaggio indirizzato alla direzione socialista contenente un'offerta di resa che fu respinta.

Dopo l'uccisione di Mussolini e quella scena che gli sentii definire «barbara», a piazzale Loreto, mio nonno Vittorio fu nominato dal Clnai viceprefetto politico e commissario straordinario per il problema degli alloggi a Milano, sotto la guida di Riccardo Lombardi, un uomo tutto d'un pezzo e dalla grande tempra morale per il quale mio padre provò un grande rispetto per tutta la vita.

Nonostante appartenessero a correnti di pensiero diverse: Lombardi era il capo della sinistra del partito, definita appunto Lombardiana, e Bettino convinto autonomista. Il loro fu un rapporto basato sul confronto, duro ma leale, un principio democratico basilare che mio nonno ha trasferito a mio padre e che lui a sua volta ha trasferito a me sin da quando ero piccola. Dopo quell'incarico mio nonno divenne prefetto di Como e alle prime elezioni libere del 1948 si candidò con il Psi per diventare deputato, ma i comunisti impedirono la sua elezione in Parlamento. Mio nonno era un uomo di grande cultura che mi trattava da adulta anche quando ero piccola, mi regalava libri che contemplassero significati politici, mi parlava della guerra, ma anche del sogno di un'Europa unita, racconti che porto ancora dentro di me. Di nonni ne avevo due ed ero molto legata a entrambi. Con il padre di mia madre, però, sono cresciuta.

Anche lui si chiamava Vittorio e anche lui, con l'inasprirsi della dittatura, scappò a Milano, lasciando la sua terra d'origine. Abbandonò Pistoia dov'era nato e cresciuto, era ferroviere, e fu costretto a scappare per non dover prendere forzatamente la tessera del fascio.

Anche lui, potere delle coincidenze, si dedicò alla battaglia antifascista nelle fila della compagine socialista. Era un nonno speciale e, come quello paterno, mi trattava da adulta, spesso mi leggeva dei libri e con lui ho conosciuto l'epopea salgariana e i moschettieri di Dumas.

I suoi insegnamenti erano vari e delicati, mi insegnò per esempio ad amare la campagna. Se proprio dovessi assegnare un ruolo a ciascuno dei nonni, direi che il nonno materno mi ha insegnato la meraviglia della vita immersa nella natura nonché le gesta epiche degli eroi della letteratura, mentre quello paterno mi ha insegnato la storia, quella collettiva, ma anche quella privata, che la mia famiglia aveva vissuto sulla propria pelle.

Per esempio mi raccontò che quando erano sfollati a Casasco, dato che all'epoca Milano era bombardata di continuo, mio padre, appena undicenne spaccò a sassate le finestre della casa del Fascio locale, episodio di cui mio nonno dovette scusarsi e giustificarlo anche perché non scoprissero che cosa quel bambino faceva attraversando nottetempo i canaloni e i boschi per aiutare i fuggiaschi.

Sebbene la mia fosse una famiglia socialista che partecipò attivamente alla Resistenza, non colsi mai nelle sue parole un'animosità verso chi aveva scelto il fronte sbagliato. Raccontava l'epopea partigiana come una pagina di storia della libertà senza mai insegnarci a odiare i fascisti, mantenendo un grande rispetto anche per i vinti, un valore importante di cui sono convinta sostenitrice.

Una vicenda, quella del fascismo e dell'antifascismo, che andrebbe, dopo più di settant'anni, consegnata alla storia mentre invece l'antifascismo di maniera continua anacronisticamente a essere sbandierato da certa sinistra, che si crede depositaria di verità assolute, per dividere ancora una volta il Paese non capendo che così non fa male all'avversario politico ma alla repubblica, che dovrebbe invece essere un valore condiviso. Mi auguro, come si augurava Craxi, che in nome della necessaria pacificazione nazionale esponenti della destra e della sinistra trovino, insieme, il coraggio di venire con me a piazzale Loreto a depositare dei fiori là dove fu scritta quella pagina infame della storia con il vilipendio del cadavere di Mussolini e della Petacci e dove furono uccisi quindici partigiani socialisti.

Mio padre e mia madre si conobbero frequentando gli stessi ambienti socialisti e anche per loro, giovani fidanzati, la politica fu il collante del rapporto. Lo testimoniano le molte lettere che lui le inviava dai suoi lunghi viaggi compiuti per conto delle organizzazioni universitarie, o del partito, in cui le parole d'amore si accompagnavano a impressioni e considerazioni politiche. Il matrimonio arrivò dopo sei anni, in Comune a Milano, che lo sposo raggiunse una bella mattina in tram, e fu un rapporto forte, intenso, che nonostante tutte le distrazioni di mio padre è durato tutta la vita: posso definirlo un grande amore che, come nelle formule di rito, fu tale nella buona e nella cattiva sorte.

Solo mia mamma, con una capacità d'amore e di perdono che ancora le invidio, sapeva governare l'impetuosità di mio padre. È sempre stata in grado di affrontare la vita e le traversie con una leggerezza invidiabile, con una grande capacità di stemperare le tensioni, superare i problemi, essendo di conforto e di sostegno a tutti noi (sì, compreso lui...), riuscendo a portare serenità anche nei momenti più difficili. Per questo da parte mia si è meritata l'appellativo scherzoso di Maria Antonietta: quando spesso soffia la bufera lei si inserisce con una battuta ironica; non si è mai limitata a fare solo la moglie, è stata membro del Consiglio nazionale dell'Opera Montessori e presidente del centro Dino Ferrari, chiamata da Enzo in persona, che da anni fa ricerca per curare la distrofia muscolare, la malattia di cui era morto il figlio del patron della Ferrari. Ed è stato grazie alla sua quieta, ma ferma volontà, che la famiglia è rimasta a vivere a Milano, consentendo a noi ragazzi un'esistenza quotidiana tutto sommato improntata alla «normalità».

Torno su mio nonno Vittorio, un uomo mite, colto, parlava in italiano senza accento e, se provo un rammarico, è quello di non averlo mai sentito parlare della terra da cui proveniva, la Sicilia, a cui sento un po' di appartenere.

Io da adulta ho cercato di stare più tempo con lui, avevo perso l'altro nonno, e quando Federico, il mio primo figlio, era piccolo presi un appartamento in affitto a Nervi, dove il nonno svernava: da piccola ero stata poco con lui e avevo il desiderio di recuperare, e così ricominciò il nostro discorso, che forse non si era mai interrotto.

Ricordo molto bene il nonno ai congressi, insieme a noi, presenza discreta, orgogliosissimo di suo figlio Bettino, quel figlio che era riuscito a realizzare i suoi sogni. A lui la carriera politica (anche se la politica non è propriamente una carriera, ma una passionaccia) era stata stroncata dai comunisti prima che potesse sbocciare e aveva continuato a seguire il partito da semplice militante. Invece suo figlio, che si era iscritto al Partito socialista a soli diciassette anni, era addirittura diventato il leader della comunità a cui tutti noi sentivamo di appartenere.

Quando era adolescente mio padre fu mandato in collegio dai preti a Cantù perché mia nonna faticava a contenere le sue turbolenze: aveva temperamento, un carattere da leader votato anche allo scontro, se necessario.

Fu espulso anche da lì perché trovato in possesso di una pistola che aveva sottratto in prefettura a Como, ma dopo la sua morte, a distanza di anni, in una corrispondenza intrattenuta con don Fontana, il suo insegnante in collegio me ne parlò come di un ragazzino d'animo buono, sempre pronto a prendere le difese dei più deboli.

Sulle prime sembrò che mio padre potesse maturare una vocazione religiosa.

Andava sulla canna della bicicletta del parroco a benedire i morti e da chierichetto diceva di voler fare il prete. Poi scelse un'altra strada per stare vicino agli ultimi: la politica.

Mio padre e mio nonno prima di lui avevano imparato che la politica, quella vera, aveva a che fare con la vita e con la morte, un insegnamento che ho appreso sulla mia pelle, negli anni del terrorismo, in quelli di Tangentopoli e con la morte in esilio di mio padre.

Mi sono ritrovata così a crescere in una famiglia politica, il cui capofamiglia era un uomo interamente politico che dedicava alla politica ogni cellula di sé stesso.

È stato un padre difficile, grande come può esserlo un padre, con l'esempio.

Tuttavia le difficoltà restavano. Con lui era impossibile affrontare i piccoli intoppi quotidiani o i temi che affliggono una bambina piccola prima e un'adolescente poi: dovetti capire sin da subito, da piccolissima oserei dire, che se volevo un rapporto, e certamente lo volevo, con quell'uomo fiero, geniale, coraggioso e intemperante che mai si sarebbe occupato dei miei compiti, dei miei esami o delle mie prime cotte, dovevo passare dalla politica; perché capivo che quel linguaggio era l'unico che mi avrebbe permesso di comunicare con lui.

Una volta, lo ricordo bene, uscimmo a zonzo nella zona del Lago di Como, volevamo passare una giornata all'aria aperta, una delle occasioni sempre più rare in cui mio padre non aveva impegni, e girovagando finimmo per ritrovarci a Giulino di Mezzegra, una piccola frazione sulla riva settentrionale del lago.

Mio padre ci disse che ci trovavamo di fronte al cancello di villa Belmonte, il luogo dove furono fucilati Mussolini e Claretta Petacci dopo essere stati catturati il giorno prima a Dongo dai partigiani del capitano Neri.

Mio padre ci fece scendere dalla macchina per mostrarci quel luogo della storia, poi la sua attenzione fu rapita da una piccola targa appesa al muro. Campeggiava una scritta che definire sobria è un eufemismo, fissata lì per ricordare il dramma. C'era scritto: FATTO STORICO AVVENUTO IL 28 APRILE 1945, nient'altro.

Vidi mio padre indignarsi com'era solito fare di fronte a qualsiasi forma di ipocrisia e disse: «Guarda questi italiani, nemmeno hanno il coraggio di scrivere quello che hanno commesso». Risalimmo in macchina e andammo in paese, girammo un po' in cerca di un fioraio aperto, acquistammo un mazzo di fiori e tornammo indietro a portarli lì dove avvenne l'esecuzione.

Anche una gita sul Lago di Como, in un momento spensierato, alla fine era diventata un momento politico.

Per poter comprendere bene quanto per mio padre la politica fosse un impegno totalizzante, quasi francescano, basti pensare che il giorno in cui sono nata non era all'ospedale. Come mai? Il 25 ottobre 1960 era previsto un Consiglio comunale a Milano e il giovane assessore all'economato, colui che aveva istituito le mense popolari, non prese neanche per un momento in considerazione l'idea di non andarci.

Come lo so? Conosco bene l'episodio perché a raccontarmelo fu Carlo Tognoli, un giovane socialista poi diventato il sindaco più amato di Milano, che in quegli anni sedeva in Consiglio comunale proprio con un certo Craxi. A pensarci bene fu una fortuna, perché se oggi mi chiamo così è per merito di quell'assenza che a qualcuno potrà sembrare imperdonabile. Visto che lui non era nei paraggi mia madre Anna riuscì a imporsi con l'ufficiale dell'anagrafe giunto in ospedale e riuscì a darmi come primo nome Stefania e solo come secondo nome quello dal significato politico che mio padre aveva scelto: infatti, se fosse stato per lui io mi chiamerei Anastasia, come la figlia dell'ultimo zar, ovvero il simbolo dell'anticomunismo. Quel nome dice qualcosa di importante su come quei carri armati inviati dai sovietici nel centro di Budapest nel 1956 avevano inciso sulle sue idee e sulla sua persona. Fu uno spartiacque della storia, un collante per una nuova generazione di socialisti pienamente autonomisti, che appalesò già allora l'incapacità del Pci di capire la vera natura del comunismo sovietico e affrancarsene.

Comunque quando provava a chiamarmi Anastasia io borbottavo che non volevo essere chiamata come la sorella cattiva di Cenerentola!

Mio padre aveva cominciato la sua carriera politica da adolescente iscrivendosi al Partito socialista all'età di diciassette anni e come primo incarico, forse per levarselo dai piedi o per mitigare il suo bollente spirito, il partito lo spedì a farsi le ossa nella sezione di Sesto San Giovanni, che allora era talmente comunista da meritarsi l'appellativo di Stalingrado d'Italia. Erano i tempi in cui i partiti selezionavano la loro classe dirigente mettendola alla prova in uno scontro che era spesso duro e facendo fare palestra prima nelle sezioni e poi nei piccoli Consigli comunali delle piccole realtà di provincia, per poi arrivare nelle grandi città, dove nei Consigli comunali non ci si occupava solo delle questioni locali, ma si affrontavano le dinamiche politiche generali, interessandosi anche alle grandi tematiche di politica estera, dalla valutazione delle ribellioni studentesche del 1968 sino alla dittatura dei colonnelli greci passando per la guerra del Vietnam.

Da ragazzo, dopo essersi iscritto alla facoltà di Giurisprudenza alla Statale di Milano, Craxi visse anche l'esperienza dell'impegno nelle organizzazioni universitarie, che rappresentavano un altro contesto fondamentale nell'ottica della maturazione politica e del rafforzamento dello spirito critico e progettuale. Fu molto attivo in facoltà, dove fondò il nucleo universitario socialista collegato con il Cudi, l'associazione degli studenti di sinistra, e si mosse da protagonista nell'alveo liberaldemocratico dell'Ugi, l'Unione goliardica italiana, di cui fu eletto consigliere nazionale nel 1956 a Perugia, entrando fra i «sette principi della goliardia». Tra il 1958 e il 1959 fu poi vicepresidente dell'Unuri, l'Unione nazionale universitaria rappresentativa italiana, per conto della quale cominciò a compiere frequenti missioni fuori dai confini nazionali. Fra i molti viaggi, vanno certamente annoverati quelli nei Paesi del blocco sovietico, per il profondo impatto politico che ebbero: Craxi poté osservare da vicino il vero volto del comunismo reale, fatto di povertà diffusa e nessuna libertà, una violenza indicibile programmata e fredda, sprezzante e burocratica. In questo ampio contesto, vi fu l'occasione di conoscere e venire a contatto con molti dei futuri leader e dirigenti politici in Italia e all'estero, da Panagulis ad Arafat, da Carlo Ripa di Meana a Marco Pannella, passando per Achille Occhetto, Lino Jannuzzi, Gianni De Michelis e Claudio Signorile. E non trovarseli accanto – anzi, alcuni si schierarono contro di lui – negli anni di Tangentopoli, che lui definì «falsa rivoluzione» e io definisco gli anni della barbarie, dell'ingiustizia e della mistificazione fu uno dei grandi dolori e delle grandi disillusioni che si trovò ad affrontare.

Sulla sua lapide c'è scritto LA LIBERTÀ EQUIVALE ALLA MIA VITA, il monito di un uomo che ha rinunciato alla vita per difendere le sue idee.

La libertà era per lui un principio non negoziabile e avendola amata così intensamente per tutta la vita si era ben presto reso conto che il marxismo-leninismo era incompatibile con la libertà, il pluralismo e l'umanesimo, principi che lui ha sempre considerato incrollabili per tutta la durata della sua battaglia politico-culturale e che inevitabilmente si respiravano a pieni polmoni nella mia famiglia.

Proprio nel 1968, quando avevo otto anni, mio padre divenne deputato della repubblica mentre il Paese viveva una stagione che non si è rivelata pacifica o foriera di cambiamenti positivi ma sfociò nei tristi, drammatici anni di piombo.

Erano anni terribili, tutte le mattine sui giornali si faceva il conto dei morti e dei feriti. Milano sembrava chiusa in un eterno, spontaneo coprifuoco e quell'atmosfera plumbea si respirava anche in casa.

Erano gli anni della bomba esplosa a piazza Fontana.

Ricordo bene l'enorme impressione che aveva fatto a mio padre, che si era convinto della colpevolezza di Pietro Valpreda e degli anarchici: pensava che la bomba avrebbe dovuto esplodere in orario di chiusura della banca e che solo per un tragico errore fosse scoppiata a sportelli aperti provocando una strage, e che Giuseppe Pinelli, che era una persona perbene, si fosse suicidato per non portare quel peso sulla coscienza.

Come ho un ricordo vivido dell'assassinio del commissario Luigi Calabresi, che avvenne a poche centinaia di metri dalla mia scuola media.

In questo contesto ero alle prese con la mia prima campagna elettorale.

Dalla politica discendevano le letture, dalla politica io e tutta la famiglia desumevamo le abitudini di vita.

Così, tornando a me, la mia vita divenne quella di una ragazza adolescente i cui ritmi erano scanditi dalle campagne elettorali, dai congressi, dai comizi, una ragazza che spesso preferiva la compagnia di suo padre e dei suoi amici e compagni di partito.

Allora mi piaceva respirare quell'atmosfera libera di persone che immaginavano il futuro.

Serate spesso frequentate da artisti, intellettuali, politici, discorsi pieni di storia e di futuro, con la presenza di persone di ogni estrazione: mio padre, poi, aveva una passione per gli irregolari, cosa piuttosto sorprendente.

Quindi non solo politici ma anche molti artisti frequentavano la nostra casa.

Da Caterina Caselli a suo marito Piero Sugar, Massimo Pini e Margherita Boniver, ma anche gli artisti del Derby, di cui mio padre era un frequentatore abituale, come Renato Pozzetto e Massimo Boldi sino ai Gufi, e poi ancora profughi di mezzo mondo, dai cecoslovacchi ai cileni.

Pittori, scultori e teatranti, stilisti e giornalisti, da Mimmo Rotella ad Andrea Cascella, da Filippo Panseca a Laura Panno, e poi ancora Nicola e Maria Luisa Trussardi, Maurizio Scaparro, Paolo Portoghesi, Andrée Ruth Shammah, Stella Pende, Lorenzo Capellini, ma la lista è davvero lunga: amici di vecchia data e nuove conoscenze che si univano a gente che aveva dedicato la vita al partito, alla politica e tutti insieme si riconoscevano in quella volontà di conquista, in quegli ideali di modernità che il Partito socialista in quegli anni esprimeva. Ma anche la formidabile Deanna Frosini che aveva dipinto il Pantheon socialista che impreziosiva la sede della direzione del partito di via del Corso 476. E un tal Nuele pittore squattrinato, le cui croste campeggiavano in casa accanto a un collage che Rotella aveva regalato a mio padre.

Insomma, a me la vita imposta dalla politica piaceva moltissimo e i miei amici diventarono i giovani craxiani, Claudio Martelli, Bruno Pellegrino, Pasquale Guadagnuolo, Giuseppe Di Leva. Li seguivo ovunque, nei convegni, nei seminari, spesso ascoltandoli, anche in vacanza e nei weekend, snobbando i miei coetanei e compagni di scuola. Conobbi così con loro il Festival del Cinema di Venezia ma anche il Festival dei due Mondi di Spoleto, nonché gli spettacoli del teatro Franco Parenti e quelli del teatro dell'Elfo.

2

Una comunità di destino

La lotta politica forgiava il carattere, selezionava la classe dirigente politica ma saldava anche delle amicizie indissolubili. Fu così per il gruppo socialista milanese, quei ragazzi che scelsero di stare in minoranza con la corrente autonomista di Nenni (nel partito al 7%) e che forti della tradizione riformista di Milano stettero insieme fino alla fine. «Compagno» viene dall'espressione *cum panis*, colui con cui si divide il pane, e per loro fu proprio così; qualcuno c'era sempre stato, qualcun altro arrivò dopo. Antonio Natali, il più vecchio, era un po' la chioccia dei giovani autonomisti, e Craxi il loro giovane leader. Carlo Tognoli, Giorgio Gangi, Ada Grecchi, Renzo Duranti, Ugo Finetti che ruppe con il Pci, Giovanni Manzi e Paolo Pillitteri, che con un'operazione tutta politica aderirono al Psi con un pezzo di Partito socialdemocratico.

Mi sono sempre sentita appartenere a una comunità, mi piaceva ascoltare i membri di quella comunità ragionare di come la società italiana si stava trasformando, di come si immaginava il futuro, di cosa accadeva nel mondo, ma mi piaceva anche ascoltare i racconti di storia patria.

Ricordo ancora la sera dell'elezione di Carlo Tognoli, avevo ancora quindici anni e quella sera rimasi «a tifare» sotto Palazzo Marino fino alla «fumata bianca»: un pezzo della mia comunità era diventato sindaco di Milano!

Serate indimenticabili dove a volte, complice la presenza di molti musicisti, si finiva poi a cantare. Il repertorio era vasto, dalle canzoni della tradizione dialettale milanese come *O mia bella Madunina* a quelle della mala, come *Porta Romana*, sino a spaziare ai cantautori Dalla, De Gregori, Bennato, o alle canzoni della tradizione politica, *Bella Ciao*, *Addio Lugano bella*, la canzone degli anarchici costretti all'esilio, ma anche *La sagra di Giarabub*, canzone dell'epoca coloniale fascista. Craxi non aveva paura a ricordare la storia d'Italia.

Una sera vidi spuntare un amico nuovo a cui piacevano le canzoni francesi. Era stato presentato a mio padre da una conoscenza comune, brillava per la sua simpatia e intelligenza, aveva da poco costruito un quartiere all'avanguardia e a dimensione d'uomo non lontano da Linate, ma gli frullava un'altra idea per la testa. A Bettino piacque, era un uomo del fare tipicamente lombardo e che per di più si era fatto da solo, e gli piacque la sua idea, importare in Italia la televisione privata sul modello americano. Craxi capì subito le potenzialità di quell'idea, che avrebbe ampliato l'offerta informativa creando così nuovi spazi di libertà, intuendo anche che sarebbe stata un volano formidabile di sviluppo per quelle centinaia di migliaia di piccole e medie imprese che stavano nascendo come funghi sulle statali del Paese, costituendo quel tessuto formidabile per il made in Italy che Craxi contribuì a imporre nel mondo.

Nacque una grande amicizia nutrita di momenti spensierati. Ho il ricordo di vacanze passate insieme ad Hammamet e a St. Moritz e di tante domeniche allietate dalla vena istrionica di Berlusconi e dalla simpatia bonaria di Fedele Confalonieri, a cui mi lega un sentimento di affetto. Assistemmo all'inizio della storia con Veronica che piacque talmente tanto a mia madre che a forza di insistenze convinse Silvio a sposarla. Mio padre e mia madre furono i loro testimoni di nozze. Una volta capitò che a St. Moritz, Gianni Agnelli, che era venuto a sapere della presenza del presidente del Consiglio, si precipitò a casa di Berlusconi per incontrarlo. Mio padre era uscito e quando Silvio provò a richiamarlo si sentì rispondere: «Dì all'avvocato che sono andato a fare una passeggiata». In lui era forte il senso del primato della politica.

Era il rapporto di due famiglie che si frequentavano con gli amici, i figli e le mogli e che insieme stavano bene.

Quell'amicizia si nutriva anche della condivisione di un progetto modernizzatore del Paese e da un'idea di libertà che ne avrebbe spinto lo sviluppo.

Anche su questa amicizia si sono tentate le più diverse mistificazioni. Si raccontò che Berlusconi aveva realizzato Milano 2 e Milano 3 con i soldi della mafia e che Craxi lo aiutava perché erano soci occulti, e altre simili amenità.

La verità è molto semplice: è vero che Craxi sostenne l'idea di Berlusconi di creare una televisione privata in Italia, e vorrei ricordare che altri ci provarono, da Mondadori a Tanzi, ma solo lui ebbe successo. E lo fece per alcune ottime ragioni. Craxi vedeva in Berlusconi un vero imprenditore, di quelli che hanno idee e capacità di realizzarle, e intravedeva nel suo progetto tutti gli effetti positivi che poteva avere sulla società italiana. Era un fattore di pluralismo politico, si sarebbero moltiplicate le opportunità di informazione, e sarebbe stato un volano straordinario per il sistema di piccole e medie aziende che avrebbero potuto finalmente usufruire di una finestra per la loro pubblicità, dato che in Rai gli spazi erano contingentati e occupati sempre dalle stesse grandi aziende.

Ci videro bene, l'uno e l'altro, e ne nacque un sodalizio amicale sincero che durò molti anni e che ha legato le nostre famiglie in modo indissolubile sino a oggi.

La loro amicizia aveva come sfondo la Milano che stava diventando moderna e internazionale. Era la Milano da bere, una Milano viva, vitale, che soppiantava Parigi come capitale della moda, e voleva divertirsi ma era ancora una Milano semplice. Era la città disegnata dai sindaci socialisti, figli della tradizione riformista che risaliva alla fine del secolo, a Filippo Turati e ad Anna Kuliscioff, agli intellettuali che giravano attorno alla loro *Critica Sociale*. Una cultura che informava di sé quei magnifici anni Ottanta, anni di grande trasformazione, a volte descritti come anni di fango, anni di riflusso nel privato e di eccessi edonistici, ma che furono in realtà gli anni in cui Milano, che usciva dalla stagione del terrorismo che l'aveva depressa, spaventata, richiusa in sé stessa, tornava a vivere.

Furono i socialisti a capire che nasceva e si affermava il terziario, non più grandi fabbriche e masse di operai, ma l'avanzare dei servizi, delle partite Iva che diventavano protagoniste dell'economia, dei nuovi mestieri legati alla comunicazione.

Di questa trasformazione la mia comunità politica era la protagonista principale.

Mio padre era profondamente figlio di Milano, di quella cultura del lavoro, del risultato, ma al contempo una Milano accogliente, popolare, interclassista, la «Milan col coeur in man» descritta dalle canzoni. Una Milano in cui Nicolino il portinaio di via Foppa 5, un calabrese gran lavoratore, e la sua famiglia – tra cui il figlio più piccolo, il mio più caro amico negli anni dell'infanzia, Tonino, amico ancora oggi – avevano potuto inserirsi e prendere l'ascensore sociale.

Non la Milano degli ultimi lustri che ha confuso l'inclusività sociale con quella delle minoranze care ai progressisti, che è diventata una città per single abbienti, sempre più elitaria, e dove uno studente del Sud che non abbia una famiglia ricca alle spalle, non può permettersi di vivere, e dove è difficile crearsi persino una famiglia.

Una città dove i bambini potevano girare il quartiere a piedi e andare dal lattaio e dal cartolaio da soli: ricordo ancora con affetto la famiglia del droghiere Fusetti e gli Oldani, una famiglia di cartolai dai quali spesso mi rifugiavo e che mi affidarono i primi lavoretti.

Era la visione riformista di Milano, filone di pensiero culturale rimasto in minoranza nel partito fino all'avvento della segreteria Craxi.

È stata la visione che ha guidato l'azione dei sindaci socialisti, da Guelfi sino a Tognoli e Pillitteri.

Una città moderna, aperta al mondo, dove solidarietà e sussidiarietà erano le parole d'ordine. Una città attenta al merito ma che sapeva soccorrere i bisognosi e che ha prodotto i magnifici anni Ottanta.

La politica, allora, era il terreno di scontro dei migliori. Poi con la «falsa rivoluzione» che decreta la fine della politica, del suo primato e della sua autonomia, si comincia a levare il vento dell'antipolitica, grazie al quale lo stesso Berlusconi vince le elezioni e che continua sino ai giorni nostri in un miscuglio fetido di ipocrisie, moralismo militante e giustizialismo, con il risultato di allontanare elettori ed eletti dalla politica. Da qui nasce il forte astensionismo, da qui nasce la difficoltà ad attrarre i giovani migliori alla politica, da qui sono nati i Cinque Stelle e molti provvedimenti legislativi tesi a umiliare la politica e porla agli ordini di altri poteri. In questi anni la politica ha divorziato dalla cultura, allontanato il merito, il confronto si è polarizzato e isterilito, ridotto ai caratteri di un tweet.

Non bisogna mai rimpiangere il passato ma io mi ritengo fortunata ad aver vissuto un'epoca e una stagione irripetibili e quando alcuni ventenni e trentenni di oggi mi dicono, con una sfumatura di rimpianto nella voce, che ne hanno nostalgia pur non avendoli mai vissuti, lo capisco, mi dispiace, e so che hanno ragione.

Chiamarsi Craxi voleva anche dire non trascorrere mai un compleanno in modo normale. E dunque in ordine sparso: il compleanno dei quindici anni lo passai a Firenze dove si svolgeva la Conferenza organizzativa del Partito socialista; quello dei diciassette sempre a Firenze dove Craxi lanciò il Made in Italy, primo a imporlo con i suoi numerosi viaggi in tutto il mondo; quello dei diciotto anni a Milano nella sede del club Turati, che era un circolo socialista molto vitale ed era frequentato da personalità come Carlo Ripa di Meana, Bruno Pellegrino e Massimo Fini che quella sera mi avvicinò rischiando le ire di mio padre, geloso come ogni buon padre siciliano. La nostra amicizia dura ancora e ha sfidato gli anni, le intemperie e le divergenze politiche, lui continua ancora a scrivere articolacci su mio padre, io continuo ad arrabbiarmi, ma l'amicizia resiste.

Infine ricordo il compleanno, quello dei ventuno, in trasferta a New York al seguito di mio padre in viaggio istituzionale che, come regalo, la sera mi portò a un indimenticabile concerto di Stevie Wonder e, in una bella giornata di sole, poco fuori New York a visitare la casa di Antonio Meucci dove visse Giuseppe Garibaldi mantenendosi fabbricando candele.

Far parte di una famiglia politica significava insomma vivere una vita adulta, piena di sorprese, mai noiosa ma significava anche assumersi la responsabilità che quella comportava.

Ho sempre cercato di stare attenta ai miei comportamenti in modo da non creare imbarazzi a mio padre e al suo ruolo e ci sono riuscita quasi sempre.

Significava anche andare in giro di notte ad affiggere i manifesti sporcandosi di colla o passare pomeriggi ad attaccare francobolli per le spedizioni elettorali, significava anche spostarsi per la campagna elettorale, partecipare ai comizi, emozionarsi ai congressi.

Erano esperienze formative importanti e il senso di comunità era fortissimo.

Anni dopo a Roma, già deputato, mio padre amava circondarsi di amici e gli spazi riservati alla famiglia diventavano sempre spazi allargati alla politica.

Di norma rientrava a casa a Milano il venerdì sera e già il sabato mattina volava nell'ufficio di piazza Duomo a ricevere gente. Lo faceva spesso portandomi appresso; per amor di verità, ero io che mi imbucavo.

Era un porto di mare piazza Duomo. Era il suo ufficio ma anche quello di Giorgio Gangi, l'amministratore del partito, di altri deputati eletti a Milano, dei giovani socialisti che stampavano *Listy*, la rivista degli esuli cecoslovacchi, i sindaci, dirigenti del partito, insomma anche lì era un brulicare di idee, di umanità, di racconti.

Più scrivo, aneddoto dopo aneddoto, e più mi accorgo di come la politica non sia mai stata districabile dalla mia vita, la politica che ha a che fare con le persone, la loro vita.

A cena lui riuniva gli amici e di cosa parlavano? Di politica, naturalmente!

A Milano mio padre aveva dei posti che amava particolarmente. I ristoranti preferiti erano le trattorie della vecchia Milano, al Matarel, Da Berti, la Cassina di Pom; gli piaceva passeggiare per piazza Duomo o in Galleria, oppure in Brera, che era ancora il quartiere degli artisti, il più delle volte strampalati e squattrinati, che lasciavano quadri al Mainini, proprietario del Bar Giamaica, per pagarsi la cena.

Piuttosto che i Navigli, dove la domenica mattina si andava a caccia di cimeli garibaldini sulle bancarelle del mercatino dell'antiquariato o come al mercatino di Sant'Ambrogio, gli Obei, Obei! Così si formò la sua collezione risorgimentale che negli anni lo portò a rivaleggiare con Giovanni Spadolini.

Craxi ci trasmise il suo amore per l'eroe dei due mondi: identificava in lui non solo il leggendario generale che aveva combattuto in armi per le cause di libertà in America Latina e che aveva partecipato alla campagna per liberare il Meridione dal dominio borbonico, contribuendo all'unificazione nazionale, ma anche il campione di quel socialismo umanitario che fu la sua fonte di ispirazione, il senatore di Ozieri che si presentava in Parlamento con il poncho parlando di libertà e di diritti umani lo affascinava.

E poi c'erano le domeniche a San Siro: destinazione ippodromo. Quello era veramente un momento speciale, solo nostro. Era distrazione pura, niente politica, ma il verde, l'odore delle stalle, l'eccitazione della corsa, il contatto con un'umanità varia e variegata, dalle nobildonne e dai nobiluomini che sognavano Ascot agli stallieri che ancora parlavano il *bel dialet*, che giù al peso erano sempre prodighi di soffiate, giuste o sbagliate che fossero. La giocata poi era adrenalina pura e anche se le somme erano modeste ci divertivamo a seguire le quotazioni che salivano e scendevano e il vero successo era puntare sul cavallo più sfavorito e magari avere le fortuna di vincere otto o dieci volte la posta. Andavamo sia alle corse del galoppo sia a quelle del trotto, che Bettino sosteneva essere più tecnico; a me bastava essere lì con lui, la sola in quei momenti a catalizzare la sua attenzione e condividere la passione, sotto altra forma, per i cavalli, segno che in fondo il sangue sanfratellano aveva fatto effetto anche su di lui.

Mentre racconto, mi accorgo del rumore di fondo della nostra vita: chiacchiere, comizi, canzoni, amici, confusione, tensioni e allegria. Improvvisamente ad Hammamet il silenzio, con il telefono che non squillava più.

Il silenzio rumoroso dell'esilio. Proprio come il suo eroe, Garibaldi che, quaranta giorni dopo la morte di Anita, inseguito da cinque eserciti, partì via mare per Tunisi, dove rimase un anno. Le due figure in quel momento ai miei occhi si sovrapponevano. Craxi era una figura risorgimentale, nutriva quel tipo di passioni e ideali, e capii il suo amore per l'eroe dei due mondi.

Questa passione, politica anch'essa, si rifletteva sulle nostre vite. Non di rado la domenica mattina era dedicata alla caccia del cimelio garibaldino o a qualche gita nei luoghi delle battaglie di quel periodo. Da grande l'ho condivisa con lui, mia figlia grande si chiama Anita e non per caso. A testimonianza di quanto fosse importante il legame di mio padre con quel momento così eroico e decisivo per la storia d'Italia c'è la costanza con cui, il 2 giugno di quasi ogni anno partiva per Caprera per la festa della repubblica, l'anniversario della scomparsa di Garibaldi. Era una tradizione che anche dopo la sua morte ho provato a mantenere viva nel tempo, andandoci ogni volta che ho potuto, anche da quando siedo in Parlamento.

Ogni tanto ci ripenso ed è straordinario come sia legato il destino di questi due uomini. Caprera e Hammamet entrambe separate dal mare dall'Italia, l'amaro esilio, l'irriconoscenza del tutto speciale di cui sono stati oggetto. Persino le maldicenze: anche di Garibaldi si disse che aveva nascosto un tesoro. Si sa, i detrattori non hanno mai molta fantasia...

Le radici milanesi di Craxi sono state importanti perché Milano, più di Roma che politicamente è abituata a specchiarsi nei suoi giochi di potere e a non vedere oltre sé stessa, è sempre stata una città vitale, vogliosa di confrontarsi con la realtà, di mischiare ansia di modernità con voglia di futuro e vecchie tradizioni.

Lo stesso Partito socialista milanese era molto più vitale di quello romano.

Queste origini hanno sicuramente orientato la storia politica di mio padre e poi di conseguenza le mie.

Per tutto il secolo, a partire da Filippo Turati e da Anna Kuliscioff e la loro *Critica Sociale*, il riformismo era rimasto una corrente minoritaria all'interno del Partito socialista. È Craxi che la recupera e ne fa la cultura dominante nel partito degli anni Ottanta. Il riformismo è l'unica cultura della sinistra che ha retto il confronto con la storia e oggi che tutti si dichiarano tali io di riformismo non vedo nulla, tranne il gran parlare che se ne fa. Il riformismo non è un'ideologia né una raffinata teoria filosofica ma è l'attitudine del cuore e delle menti degli uomini a misurare le idee di progresso con la realtà, ad accogliere il nuovo e ad armonizzarlo con l'esistente; il riformista ha coraggio e cultura del risultato, sa che a volte per raggiungerlo occorre sporcarsi le mani. Quindi è un metodo, ciò che insegna è approcciare tutti i provvedimenti e le leggi non come se fossero totem inamovibili (ricordate «la costituzione non si tocca»?) ma come strumenti che devono sempre misurarsi con la realtà e dimostrare la loro validità nel confronto con la vita quotidiana delle persone. Se la realtà cambia è giusto che lo facciano anche le idee, le leggi e i codici. Il fine ultimo è l'emancipazione dell'uomo, sia quando mostra un merito sia quando esprime un bisogno. Un riformismo moderno adatto ai tempi è quella fonte di cultura socialista in cui mi riconosco, ma che non rappresenta tutto il socialismo.

Se vogliamo essere onesti c'è stato anche un socialismo succube della cultura comunista ed è un socialismo che io non rivendico.

Il mentore di mio padre, o comunque una delle figure più importanti per la sua formazione, fu senza dubbio Pietro Nenni.

Quando io ero ancora molto piccola, lui era già anziano e talvolta con la mia famiglia lo incontravamo a Formia, dove aveva comprato una casa in cui trascorreva gli anni della vecchiaia, o in Svizzera a Crans-sur-Sierre, dove era solito passare le vacanze.

Ricordo che una volta mi regalò un coniglio di peluche, e sebbene fossi piccola percepivo bene il legame esistente tra lui e mio padre. Ovviamente a quell'età non ero ancora in grado di dargli una valenza politica, per me era uno dei miei nonni...

Un punto di snodo per inquadrare il rapporto tra il leader romagnolo e il giovane Bettino è il Congresso di Venezia del febbraio 1957, nel corso del quale – ricorderà più tardi lo stesso Craxi – Nenni riuscì a imporre la rivendicazione della piena autonomia, la fine dei patti di unità d'azione e di consultazione con il Pci. Fu in quel momento che il legame umano si rinsaldò, fortificandosi nella condivisione delle scelte e del percorso politico. Craxi, appoggiato da Nenni, entrò a far parte del Comitato centrale del Psi in quota autonomista, sperimentando fin da subito le asprezze della lotta interna fra le correnti: nonostante fosse stato designato segretario politico, a Venezia, nel segreto dell'urna, Nenni andò in minoranza e si vide sfilare il controllo sull'apparato di partito. Fu un chiaro segnale, che Craxi colse fin da subito nel suo significato, e che faceva intuire quanto sarebbe stato difficile da lì in avanti coltivare un autonomismo al di fuori della sinistra.

Finché fu vivo Nenni, Craxi non usò mai il nome «riformista» per la sua corrente, perché non voleva dispiacere al vecchio leone autonomista che morì, un anno prima del Congresso di Palermo, nel passaggio tra il 1979 e il 1980, proprio la notte di Capodanno. Pietro Nenni se ne andò in quella notte che normalmente avrebbe dovuto essere di festa.

Noi, tutta la famiglia, avevamo raggiunto degli amici in Kenya, a Lamu, un'isoletta sperduta di fronte alle coste keniote, e fu lì che a ciel sereno ci raggiunse la notizia. Era tardo pomeriggio, e ricordo mio padre sul tetto di una casa africana, disperato perché telefonare era complicato, le linee di comunicazione non funzionavano, non si trovava modo di mettersi in contatto con l'Italia per organizzare il rientro. Alla fine riuscì a partire: la morte di Nenni lo colse impreparato, lo sorpresi a fissare l'orizzonte e fu una delle poche volte in cui lo vidi piangere.

Anche sul rapporto fra Craxi e Nenni, così leale e così rispettoso, vi fu nel corso degli anni un tentativo di mistificare la storia. Ci provò, dalle colonne de *la Repubblica*, Eugenio Scalfari, il quale arrivò a raccontare che i due non andavano più d'accordo, che tra loro si era consumata una rottura sulle modalità di gestione del partito.

Era totalmente falso e a dimostrarlo c'è un episodio importante: nei primi anni della sua segreteria, per la precisione nel 1979, Craxi si trovò ad affrontare un Comitato centrale difficile, la sinistra interna cercava di sostituirlo (ed era una dinamica normale giacché una volta i partiti erano organismi democratici veri, al cui interno ci si confrontava e si votava), i numeri e i rapporti di forza erano incerti ma Nenni non gli fece mancare il suo sostegno in quel passaggio così delicato. Nonostante fosse molto anziano e stanco, quando capì che Craxi rischiava di finire in minoranza lo chiamò e gli disse: «Vado a letto, ma se dovesse servire anche un solo voto, chiamami, io torno». Dormì con il telefono di fianco al letto, pronto ad aiutare il suo delfino. Tra l'altro, quello fu il frangente in cui emerse la figura di Gianni De Michelis, che nella decisiva riunione del Comitato centrale passò con mio padre, che rimase segretario.

La presunta frattura tra Nenni e Craxi, di cui favoleggiava Scalfari, non era mai esistita, e si trattò di una delle molte occasioni in cui il direttore de *la Repubblica* provò a mistificare la storia di mio padre.

Ritorno sul fatto che amava circondarsi di irregolari, la circostanza era un po' figlia del suo animo libertario, garibaldino, un po' della sua sincera curiosità verso le persone e il suo rifiuto delle convenzioni o delle ipocrisie, non saprei dirlo.

Fatto sta che era una sua caratteristica sorprendente. Il fatto è che gli irregolari o addirittura i borderline lo affascinavano.

Ho visto passare profughi di ogni colore e di ogni generazione.

Negli anni li aveva aiutati tutti, politicamente e finanziariamente. Gli spagnoli in lotta contro la dittatura di Franco, i portoghesi contro quella di Salazar, i greci che cercavano di liberarsi dal regime dei colonnelli e poi ancora a Est, cecoslovacchi, russi, polacchi, ungheresi, senza dimenticare, come un novello Garibaldi, le lotte per la libertà dei molti Paesi sudamericani sotto il giogo delle dittature, cileni, argentini, uruguaiani, salvadoregni; chiunque si battesse contro la privazione della libertà trovò in Craxi un compagno di lotta e nella sua azione politica un sostegno.

Ho sempre avuto chiara quale importanza lui attribuisse a questa parte della sua attività politica. E con quale coraggio difendesse la libertà, un valore per lui non negoziabile.

Era il settembre del 1973, avevo tredici anni, e ricordo con quanta trepidazione e orgoglio mi recai con mia madre e una delegazione di amici, compagni e giornalisti, ad attendere Craxi a Linate di rientro dal Cile, dove si era recato a pochi giorni di distanza dal brutale colpo di Stato di Pinochet, che aveva posto fine alla democrazia di quel Paese e alla vita del suo presidente, Salvador Allende. L'aereo era atterrato da un po' ma di Craxi neanche l'ombra. Così, con il trascorrere dei minuti, cominciava a salire l'apprensione. Sapevamo, infatti, che al cimitero dov'era andato a deporre dei fiori sulla tomba del presidente cileno, sepolto senza nome nella tomba dei familiari della moglie, era stato fermato da una pattuglia di *carabineiros* con i mitra spianati. I pensieri più tragici iniziarono ad assalirci, immaginammo che Craxi non avesse fatto ritorno, che gli fosse stato impedito di partire o chissà cos'altro. Scoprimmo solo dopo che il ritardo era più banalmente dovuto allo smarrimento del suo passaporto, scivolato nel corso del viaggio tra i sedili dell'aeromobile.

Quasi mezzo secolo dopo, nel marzo 2018, ebbi modo di toccare con mano l'affetto e l'immutata riconoscenza del popolo cileno nei suoi confronti. Ero riuscita a fargli intestare una stele a pochi metri dalla tomba di Salvador

Allende, in quella che oggi si chiama *plazoleta* Bettino Craxi. Fu un evento solenne, molto partecipato ed emozionante, in cui fui accompagnata dall'allora ambasciatore italiano Marco Ricci e al quale, tra i tanti rappresentanti istituzionali, presero parte Isabella Allende e l'ex presidente cileno Ricardo Lagos, un protagonista del ritorno alla vita democratica del Paese latinoamericano, che nei loro interventi non mancarono di sottolineare la gratitudine verso l'azione di un uomo che, anche nei momenti più difficili, anche nei consessi più alti, tra cui il Congresso degli Stati Uniti d'America, difese sempre la causa di libertà del popolo cileno. Come mio padre decenni prima, volli ricordare un uomo come Allende, che per gli ideali democratici aveva sacrificato la sua vita, deponendo con la figlia un garofano rosso sulla sua tomba, come a chiudere simbolicamente un cerchio. Oggi, il ricordo di Craxi e Allende, di una pagina di storia della libertà, vive insieme in quel cimitero monumentale al centro di Santiago a imperitura memoria di una vicenda tragica che ha unito e cementato l'affetto tra i nostri popoli.

È un esempio di quanto la determinazione di Craxi, i suoi convincimenti ideali, al netto di ogni opportunità e convenienza, rappresentino un tratto della sua persona. L'amore per i suoi ideali era l'amore per la vita e per le persone, verso cui nutriva un interesse sincero. Le storie di ciascun individuo suscitavano in lui una naturale curiosità.

Ho visto passare per casa pittori di strada a cui Craxi comprava le croste, artisti squattrinati che avevano semplicemente bisogno di essere invitati a cena per mangiare, e per la verità anche un certo numero di imbroglioni.

Ricordo tra queste figure sicuramente quella di Cavallo Pazzo, un personaggio dell'underground romano che divenne protagonista delle cronache nazionali perché andò al Festival di Sanremo minacciando di buttarsi in platea e togliersi la vita in diretta.

Sembra incredibile che tra Craxi e Cavallo Pazzo, il cui vero nome era Mario Appignani, potesse nascere un'amicizia vera, eppure accadde, e ricordo che mio padre si occupò di lui persino nella parte finale della sua vita.

Era in Tunisia, sofferente di un esilio doloroso, ma telefonava a Roma per sapere se Cavallo Pazzo, nel frattempo ammalatosi di tumore, fosse adeguatamente assistito e offrendosi di pagare le cure.

Con noi osservatori inermi che pensavamo che in quel momento avesse questioni ben più urgenti di cui occuparsi.

A volte partivo da sola e andavo a trovarlo a Roma e per me era come arrivare nel Paese dei balocchi. Era tutto grande, maestoso. Scendevo al Raphael che anche per me significava casa e subito mi fiondavo a camminare nel centro storico, lunghe vasche a piazza Navona insieme a lui.

Ma il centro della sua vita politica e familiare rimase sempre Milano. Quando nomino Carlo Tognoli, Paolo Pillitteri, ma anche Ugo Finetti, Walter Marossi, Nuccio Abbondanza, Ciccio Colucci, Tiziana Gibelli, vale a dire i socialisti milanesi, è come se parlassi di un pezzo della mia famiglia.

Carlo Tognoli è stato per me un pezzo importante della famiglia politica anche in questi anni in cui ho intrapreso una battaglia di verità, in cui spesso mi sono sentita sola. Carlo mi è sempre stato vicino, anche quando non condivideva le mie scelte, senza mai farmi mancare un consiglio, un incoraggiamento, una presenza.

Paolo Pillitteri è invece proprio mio zio diretto, con lui ho sempre avuto un rapporto di grande complicità, ma considero parte della mia famiglia allargata tanti altri socialisti che qui non ho nominato, conosciuti allora o incontrati dopo.

Avevo anche tanti altri amici, ma è nella comunità socialista che sono cresciuta veramente.

Per me il concetto di famiglia è sempre stato molto ampio.

Il socialismo milanese, e non solo, era organizzato in sezioni riunite attorno alla federazione regionale. Il lunedì c'era la «colazione del lunedì» nella quale Craxi era solito riunire i «ragazzi» autonomisti, quei giovani che avevano scelto negli anni Sessanta di rimanere in minoranza con Nenni e che dopo di lui riconoscevano in Craxi il loro leader e che di anno in anno ricoprivano posti di responsabilità sempre maggiore a livello lombardo e nazionale.

Poi, quando Craxi è morto, la colazione del lunedì ho continuato a farla io, finché piano piano, siamo rimasti in pochi, perché tanti membri di quella comunità non ci sono più. Finché lui è stato vivo io mi limitavo a dare una mano come potevo, nei momenti liberi, c'erano da organizzare la vendita e le feste dell'*Avanti!* che languiva, le riunioni delle donne socialiste, gli spettacoli per il Congresso. Nell'87 a Rimini riuscii a convincere Renzo Arbore, Luciano Pavarotti e anche Raoul Casadei a partecipare. Io mi davo da fare, ben conscia però che non poteva essere il mio campo di gioco, data la grandezza inarrivabile di mio padre. Non so neanche dire se gli piacesse avermi lì intorno, ma quel benedetto pudore dei sentimenti gli impediva di parlarne.

Quando andavo a Roma le mie «visite» lo preoccupavano sempre un po', la gelosia era una componente del nostro rapporto (le origini sicule...) e nel tentativo di arginarmi mi affidava a Nicola.

Nicola Mansi merita un capitolo a parte. Era il suo autista anche se parlando di lui e del suo rapporto con mio padre il termine «autista» è assolutamente riduttivo.

Nicola era un omone con degli occhi azzurri buonissimi. Era un contadino pugliese intelligentissimo, vedeva e coglieva tutto ma la sua discrezione era massima.

Era protettivo con Craxi e leggeva perfettamente le situazioni, aveva una grande sensibilità e con mio padre è stato una vita, nella buona e nella cattiva sorte.

Diventò il suo autista, o meglio la sua ombra, negli anni del terrorismo; subentrò a tale Mario che nel clima degli anni di piombo ebbe paura e abbandonò l'incarico.

Nicola invece era coraggioso. Era stato l'autista di Augusto Talamona, allora amministratore del partito, un altro con un carattere di ferro.

Quando Nicola venne a sapere che Craxi era rimasto senza autista andò al partito e si offrì di farlo lui. Da quel momento sono rimasti insieme fino alla fine, quando le forze di mio padre vennero meno Nicola lo sostenne anche fisicamente. E, morto lui, rimase otto anni con me, a proteggermi come aveva sempre fatto con Craxi. Ogni tanto lo rimproveravo di non dirmi cose che venivo a scoprire per caso, e lui borbottava che non era il momento di farmele sapere perché mi sarei adombrata. La discrezione era la sua modalità di stare al mondo, una presenza silenziosa ma che si percepiva in tutta la sua dirittura morale, in tutta la sua lealtà. Era quello che gli spagnoli definiscono un *hombre vertical*, era rassicurante averlo al proprio fianco e negli anni ho pensato che lo fosse stato anche per mio padre.

3

Hammamet capitolo 1

Se a Milano i sabato sera da adolescente li trascorrevo spesso con mio padre e i suoi amici, per cominciare a uscire la sera dovetti aspettare l'estate dei miei sedici anni, ad Hammamet.

La nostra prima volta in quel piccolo paese sul mare, allora racchiuso tutto dentro un'antica fortezza spagnola, fu il 1966.

Gliene aveva parlato un amico di rientro da una riunione dell'Internazionale socialista che aveva avuto luogo a Tunisi. Quindi a Pasqua, in formazione ridotta (mio fratello venne considerato troppo piccolo) partimmo per Hammamet. Per i miei fu amore a prima vista e d'altronde c'erano anche delle ragioni oggettive: era bella, il mare cristallino, era a un'ora di viaggio da Roma, la vita costava veramente pochissimo, non si incontrava quasi nessuno, non era ancora una meta turistica conosciuta. E così dopo quella prima vacanza seguirono tutte le altre della nostra vita: per capirci, per me il bar del paese dove passavo le vacanze è Sidi Bou Adid nella medina di Hammamet.

L'anno dopo, Spartaco Vannoni, il migliore amico di

mio padre nonché proprietario dell'hotel Raphael dove risiedeva Bettino a Roma, che poi sposò una bella e dolce ragazza tunisina di nome Naama, venne in vacanza con noi e i due (lui e mio padre), non so se ispirati dalla bellezza del luogo o dalle cifre irrisorie alle quali i contadini vendevano i terreni, decisero di acquistare un ettaro di terreno sul mare con l'idea di costruirvi una casa per le vacanze.

Ma siccome non tutte le ciambelle riescono con il buco (il vezzo dei proverbi, questo sì, devo averlo preso da mio padre...) l'anno dopo il governo tunisino varò una legge secondo la quale gli stranieri non potevano possedere terreni a uso privato sul mare, perché i demani in prossimità delle spiagge dovevano essere destinati esclusivamente a uso turistico. Così le autorità sequestrarono il nostro terreno. Tuttavia in cambio dell'appezzamento sul mare espropriato gliene concessero un altro, più grande, è vero, ma come noi dicevamo, scherzando ma non troppo, un po' in collina tra sterpi, volpi e serpenti. Per di più ci si arrivava solo attraverso una stradina sterrata dove spesso si incontravano i pastori con le pecore e le contadine con il mulo carico. Una prospettiva niente affatto interessante almeno per noi bambini che sognavamo un'estate con amichetti, giostre e gelati!

Era un posto nel quale se qualcuno mi avesse domandato, ma era un'epoca in cui gli adulti non chiedevano il parere ai bambini, «che dici costruiamo qui la nostra casa delle vacanze?» gli avrei risposto «ma sei pazzo?» Era pure lontano dal mare... Ma tant'è, iniziò l'avventura o, meglio, l'odissea. Non è che ad Hammamet, tremila abitanti allora, ci fossero imprese di costruzione, c'era solo un venditore di chincaglierie improvvisatosi capomastro coadiuvato da tre-quattro operai che si offrì di costruire la casa.

Morale: la costruzione della famosa villa di Hammamet, in puro stile arabo con il patio interno, andò avanti dal 1970 al 1977, almeno sette anni, con grande lentezza.

Noi bambini con mamma venivamo spediti ad Hammamet subito dopo la fine della scuola, lui invece arrivava quando poteva, quando gli impegni politici lo consentivano.

Di norma restavamo laggiù per tutti i mesi estivi, lui veniva qualche weekend e poi in agosto. Ho il ricordo di queste lunghe estati un po' noiose che spesso, in controtendenza con i nostri amici in vacanza a Rimini o a Portorotondo, non vedevamo l'ora che finissero.

Per occupare il tempo, una volta mia madre mi iscrisse a un corso di danza araba e non di rado la sera andavo a esibirmi insieme alle ballerine berbere al Sidi Bou Adid, venendo scambiata per una piccola tunisina... a cui offrire dei dolcetti di mandorle e miele.

Certamente dovevamo fare appello a tutte le doti di fantasia di cui disponevamo. C'erano il mare, le spiagge bianche, la sera quattro passi in paese a prendere il tè alla menta e poco altro da fare.

Ci annoiavamo e a un certo punto mio padre si accorse di questo nostro disagio e cosa si inventò? Diede vita a un personaggio misterioso e immaginario di nome Axi, una sorta di folletto tuareg, e organizzò per tutto il mese d'agosto una caccia al tesoro. Per noi quell'anno fu una vera svolta. Aspettavamo ogni sera l'emozione di trovare un bigliettino in rima o di scorgere un'ombra in fondo al giardino.

Quel gioco ci riempì l'estate. Ogni sera trovavamo il biglietto del fantomatico Axi e passavamo ore a interpretare gli indovinelli e a esplorare il giardino per trovare il successivo indizio. Le giornate erano diventate avventurose. Lui aveva trovato il modo di intrattenerci. Non ci annoiavamo più. Conservo ancora l'ultimo biglietto di quell'epica caccia al tesoro. C'era scritto: *Picchi Picchi, nicchi nicchi siete proprio dei bei micchi. Il tesoro è qui a due passi e voi state a cercar sassi. Il tesor, milioni e rotti troverete in via Condotti.* Noi cercammo tutto il giorno successivo, fino a che, prima del tramonto, in una conduttura d'acqua in giardino trovammo un cofanetto con dentro delle monetine e altri oggetti di bigiotteria tunisina. Hammamet, ne scriverò ancora, è stato un luogo importante per la mia famiglia. Ma nei primi anni di vacanza noi bambini andavamo a letto alle nove, mentre la vita degli adulti proseguiva fino a tarda notte. Arrivavano sempre degli amici dall'Italia per stare con i miei genitori. Venivano spesso Margherita Boniver, Filippo Panseca e poi Massimo Pini, fondatore della casa editrice Sugarco, uno storico amico di mio padre in virtù della loro stima reciproca, Caterina Caselli con Piero Sugar, editore delle Messaggerie Musicali e grande appassionato di politica, Carlo Ripa di Meana con Marina e molti altri. Ci raggiungevano in molti, la nostra casa era diventata un centro di aggregazione e questo movimentava non poco le nostre vacanze. Spesso si cantava e questo rendeva le nostre serate spensierate.

Poi arrivò l'estate dell'adolescenza e accadde un fatto eccezionale, almeno per me. Spuntò una vasta comunità di francesi e italiani, ex proprietari terrieri, le cui proprietà erano state espropriate nel 1956 da Bourguiba, il presidente che portò la Tunisia all'indipendenza. Erano tornati qui in vacanza con i figli adolescenti per mostrare loro dove avevano vissuto.

Vidi arrivare questa banda di ragazzi più o meno della mia età, qualcuno un po' più grande, tra i diciotto e i venticinque anni, e io per la prima volta uscii la sera, ma ovviamente di nascosto da mio padre. Stavamo ancora in albergo e questi ragazzi che avevo conosciuto al mattino in spiaggia stavano andando a ballare. Dissi a mia madre: «Sai mamma, mi avrebbero invitato a ballare quei ragazzi di Latina» e mia mamma rispose: «Vai, ma non diciamolo a papà». Ero raggiante. Le chiesi: «Ma io quando devo tornare?» e lei mi disse: «Quando tornano loro».

Passai tutta l'estate rientrando alle sei del mattino, a dare il bacio della buonanotte ai miei genitori alle undici della sera per poi uscire di soppiatto per rientrare all'alba. Solo oggi mi rendo conto che per me erano serate divertenti, ma che ansia per la mia povera mamma. Lui non se ne è mai accorto. L'anno dopo – potevo avere diciassette o diciotto anni – non so se tecnicamente fossi già maggiorenne, lui venne da me e disse: «Potremmo andare tutti a ballare» (ma lui non ballava, se non qualche rara volta il cha cha cha). Non so se fu per venire incontro alle mie esigenze di ragazza ma iniziai ad andare in discoteca con i miei genitori! Erano tutte all'aperto sotto gli ulivi. A mezzanotte si rientrava e arrivò un momento in cui fu mio padre a dirmi: «Noi andiamo a dormire, tu, se vuoi, rimani». Non me lo feci ripetere due volte.

Sono stati anni divertenti, Hammamet era frequentata anche da molti artisti che vi avevano fatto il loro *buen retiro*. Peppino Patroni Griffi, Lorenza Stucchi, la nota storica dell'arte, Carmine Benincasa, famoso gallerista, l'architetto Tony Faccella, il suo compagno Enrico, proprietari della più bella casa del golfo, quella sulla spiaggia, e persino Bernardo Bertolucci; conservo il ricordo di una caccia al tesoro che si svolse per le stradine di Hammamet insieme a Lucio Dalla! Adriana Asti, una donna di grande intelligenza e arguzia, accompagnata dal marito regista Giorgio Ferrara, anche lui brillante e simpatico, venivano spesso. Con loro non ci si annoiava mai. Una volta Adriana volle prendere un treno alquanto scassato per raggiungere il deserto e fino a notte avanzata non avemmo notizie di lei né della poetessa Patrizia Cavalli, che la accompagnava: fortunatamente tornarono il giorno dopo, sane e salve. Adriana veniva in spiaggia sempre coperta dalla testa ai piedi o avvolta da veli bianchi. Il teatro non ammetteva l'abbronzatura. Dal momento in cui fu terminata e per gli anni a venire quella di Hammamet è rimasta la casa delle vacanze di famiglia per tutta la nostra vita. Oggi grazie al prezioso lavoro della Fondazione Craxi e dei ragazzi che da anni mi affiancano, Hammamet è diventata ogni 19 gennaio, ricorrenza della morte di Craxi, meta di pellegrinaggio di vecchi militanti amici ma anche, imprevedibilmente, di molti giovani che studiando hanno scoperto la figura di Craxi e lo hanno elevato a icona del primato della politica.

4

Milano-Roma

Era il 1968 e mio padre per la prima volta tentava la scalata alla politica nazionale. Zainetto in spalla, io, il mio fratellino Bobo e il nostro compagno di giochi Tonino, distribuivamo i santini elettorali in tutto il quartiere.

Nicolino ci portava a scuola e il sabato accompagnava Craxi con la A112 della mamma. Tonino era il nostro inseparabile compagno di giochi e avventure nel quartiere, fra le nostre famiglie si era instaurato un legame molto forte.

E anche quella volta fu una grande avventura girare per tutta la zona con i santini elettorali del Partito socialista. Mi ricordo che l'avevamo presa seriamente, giravamo ogni strada del quartiere e raggiungevamo ogni buca delle lettere di zona San Vittore/Solari e finché non avevamo finito tutti i volantini non tornavamo a casa.

I nomi stampati sul santino elettorale erano tre – Nenni, Craxi, Gangi – perché si potevano dare fino a tre preferenze. Era la terna degli autonomisti a Milano che si opponeva ai lombardiani.

Craxi quella volta vinse la sua prima elezione anche grazie al suo talento di comunicatore. Siccome era un innovatore, si era infatti inventato un gadget molto particolare: un gettone plastificato che ricordava la forma di quelli telefonici con stampato il suo cognome... impossibile che non rimanesse in mente.

Era il 1968 e non si era mai visto nulla di simile nella comunicazione politica, anche se a causa di quella novità Craxi fu addirittura deferito ai probiviri del partito; conservo ancora, sempre di quel periodo, un dado truccato: comunque lo lanciassi ricadeva sempre dallo stesso lato su cui c'era scritto VOTA NENNI CRAXI.

Oltre a essere un innovatore nel pensiero, Craxi ebbe sempre una grande attenzione per i temi della comunicazione, che considerava un mezzo per farsi capire e non un fine, come spesso è nella politica odierna.

Sempre grazie alla sua ansia di modernità osservava come cambiava e si evolveva il mondo dell'informazione, dei media, della comunicazione, e questo gli permise di svecchiare l'immagine del Partito socialista in anticipo sugli altri partiti, che ancora puntavano su un modo di comunicare molto datato.

Forse anche questo era un lascito della sua formazione milanese.

Aveva mosso i primi passi nella Federazione socialista lombarda accanto a Guido Mazzali che, oltre a essere il segretario, fu un grande pubblicitario.

Per esempio era stato lui a inventare il famoso slogan «chi beve birra campa cent'anni», a fondare la prima rivista di marketing e pubblicità in Italia: *L'ufficio moderno*. Come condirettore prese il suo amico Dino Villani, anche lui socialista che ha inventato la colomba pasquale, la Festa della mamma, Miss Italia: forse tutto questo sarebbe piaciuto a Berlusconi. Fu Mazzali a mandare Craxi a Sesto San Giovanni e a presentargli Pietro Nenni.

Le intuizioni visionarie sulla comunicazione del partito erano tutte farina del sacco di Craxi, per esempio fu lui a decidere di sostituire il vecchio simbolo della falce e martello, compromesso con gli orrori del comunismo, con il garofano, simbolo delle lotte di libertà di inizio secolo; e suoi furono molti degli slogan utilizzati per le campagne elettorali come «L'ottimismo della volontà» o «Governare il cambiamento».

Anche dopo quella primissima vittoria alle elezioni, io ho sempre amato le campagne elettorali.

C'era adrenalina, erano periodi di grande impegno e c'erano le manifestazioni elettorali e i comizi, la comunità si riuniva.

Tutti i sabati e le domeniche c'era un comizio da qualche parte. Varese, Como, Cologno Monzese, Sesto San Giovanni, e poi attesissimo c'era il famoso comizio in piazza Duomo a Milano che di solito era l'ultimo. Quella era davvero una grande festa in cui arrivavano tutti, la piazza era gremita, c'erano i garofani rossi, la partigiana Tecla e i giovani socialisti che vendevano l'*Avanti!*, c'era tutta l'intera comunità socialista ed era bellissimo ascoltarne il capo che era anche mio padre...

Io sin da piccola vivevo quei momenti con grande eccitazione, erano intensi ed emozionanti perché anche se non capivo perfettamente la portata di quello che stavo vivendo, percepivo però che si trattava della festa di una comunità che mi parlava del futuro del Paese.

Quando Craxi divenne deputato la nostra vita cambiò, perché iniziò il pendolarismo che durò per tutta la sua vita politica di parlamentare.

A Roma mio padre viveva all'hotel Raphael, la «lussuosa residenza», come ebbe a definirla Filippo Ceccarelli in un articolo su *la Repubblica*, cosa che mi fece veramente arrabbiare, tanto che presi carta e penna e scrissi al giornale.

La stanza di mio padre era piccola e alquanto polverosa e niente lì si poteva definire di lusso. Vicina alla camera da letto c'era un'altra stanzetta, grande meno della metà rispetto a quella principale, dov'era posizionata una scrivania ingombra di carte, plichi di documenti di ogni genere. Purtroppo il figlio di Spartaco Vannoni dopo la morte di Craxi fece sgombrare tutto per ristrutturare l'albergo.

Nella lettera formulai una semplice domanda: «Possibile che nessun caporedattore de *la Repubblica* sia mai andato a intervistare Craxi nella sua stanza?»

Inopinatamente, il giorno dopo mi rispose dalle pagine di *Libero* Giampaolo Pansa, che era stato avversario di Craxi ma che era uno spirito libero e intellettualmente onesto, una delle firme più autorevoli del Paese, e venne in mio soccorso. Il suo intervento, lui che aveva intervistato Craxi nella sua stanza del Raphael, è riassumibile nella formula «ha ragione Stefania», ci tengo a dirlo perché tantissime volte i detrattori di Craxi hanno provato a perpetuare delle mistificazioni, ma le bugie sul lusso dell'hotel Raphael sono state tra le più fasulle e volgari.

Il Raphael oggi è un albergo a cinque stelle, tuttavia non ha più il fascino di quel piccolo hotel sgrauso con le sue stanzette dal parquet sollevato e dalle docce che perdevano ma così pieno di anima e di tanti oggetti di grandissimo gusto.

Qualche volta ho pensato che avrei voluto andare a Roma con lui, seguirlo da vicino, ma forse è stato meglio così perché mi sono fortificata seguendo una mia strada autonoma.

Ogni tanto ho provato a metterlo in guardia dai molti che pensavo essere falsi amici e approfittatori arrembanti che non meritavano la sua fiducia, ma non ho mai ottenuto il risultato voluto, anzi, a volte mio padre si è arrabbiato addirittura con me, non pensava che un altro si sarebbe potuto comportare in maniera diversa da lui!

Aveva una grande compassione verso le debolezze umane e trovava una giustificazione per tutti e quando lo stimolavo a fare attenzione o a essere più cauto con i tantissimi che si avvicinavano palesemente per interesse, si arrabbiava. Non voleva sentirselo dire. Col tempo ho avuto ragione più di una volta ma lui, con me, non l'ha mai ammesso.

Quando sbagliava e se ne accorgeva non mi chiedeva scusa ma, facendo leva su silenzi eloquenti, trovava un modo per comunicarmi che aveva capito. Non ha mai cambiato questi tratti del suo carattere: sempre uguale a quando era giovane, impulsivo e ombroso, timido e infinitamente buono.

Manteneva, però, una forma di ingenuità umana, incredibile a dirsi per uno che in pratica aveva una mente laser che andava dritto all'obiettivo. La sua era una sorta di fiducia verso l'umanità che lo portava a sbagliarsi non di rado.

Un'altra caratteristica che lo contraddistingueva era

l'ammirazione verso l'intelligenza, fosse quella di un contadino o di un intellettuale, fosse creativa o analitica. Al contrario di quello che ho visto fare sovente nella Seconda repubblica, dove troppo spesso si cercano esecutori fedeli, lui voleva intorno a sé un gruppo dirigente degno di questo nome, anche se alla fine era la sua stella che faceva brillare tutto e tutti.

La tanto vituperata assemblea del Partito socialista, definita di nani e ballerine, era in realtà il primo esempio di un partito che si apriva alla società civile e radunava le intelligenze e le creatività tra le più brillanti di quegli anni. Vi facevano parte 44 docenti universitari e personalità di rilievo, da Paolo Portoghesi a Vittorio Gassman, Achille Bonito Oliva, Marcello Pera, Tiziano Treu, Sergio Zavoli e Lina Wertmüller, Alberto Lattuada, Sandra Milo, Filippo Panseca, Walter Pedullà, Gianni Statera, Francesco Alberoni, Giulio Tremonti, Umberto Veronesi, Enzo Bettiza, Gianni Baget Bozzo, Rita Dalla Chiesa, Giuliano Ferrara, Silvana Giacobini, Pio Marconi e molti altri.

5

L'orgoglio, la paura, la speranza

Essere la figlia di Craxi porta con sé delle naturali conseguenze: nessuno te lo spiega ma ne devi essere cosciente. Si deve sapere che la politica può essere molto dura, che prima o poi ci saranno da affrontare momenti difficili e che questi in una famiglia politica possono essere molto più intensi che nelle altre. Un esempio su tutti? Gli anni del terrorismo. Durante gli anni di piombo c'era la sensazione costante di poter diventare bersagli, di poter essere colpiti, ma anche se mio padre aveva un coraggio da leone, e non conosceva la paura, quell'atmosfera cupa in casa si respirava. In quel periodo, tutti noi quando uscivamo ci guardavamo le spalle e la presenza della scorta nell'androne del palazzo di casa proiettava una sensazione di insicurezza costante. Ogni qualvolta un membro della famiglia si presentava in ritardo si avvertiva subito la paura. Non era come oggi: non c'era la possibilità di comunicare tempestivamente con figli e genitori tramite il telefono cellulare, bisognava fare i conti con dei momenti vuoti che creavano vera e profonda preoccupazione. Certo, lo sgomento del terrorismo esisteva per tutti, ma a casa nostra tutto era amplificato, si viveva con la paura recondita che qualcuno di noi uscisse al mattino, soprattutto lui per la verità, e non tornasse più.

Chi non tornò più a casa dai suoi cari fu Walter Tobagi, un socialista riformista, un giornalista libero, un uomo mite e di fede che faceva parte della nostra comunità: formatosi all'*Avanti!*, aveva bruciato le tappe fino a diventare una firma di punta del *Corriere della Sera*, attirandosi invidie e ostilità. I suoi nemici lo chiamavano Craxi-driver e nel volantino di rivendicazione della brigata 28 marzo viene indicato come uomo di Craxi. Aveva studiato la genesi del terrorismo e ne aveva colto le contiguità con il mondo del lavoro e con i movimenti studenteschi diventando per questo un obiettivo. La battaglia di verità sul suo caso impegnò per anni Craxi e i socialisti e fu all'origine del primo grande conflitto con la magistratura milanese.

La sua morte colpì Craxi nel profondo, al punto che per molti Natali mi portò in un un negozio di giocattoli situato proprio di fronte all'abitazione di Tobagi per comprare dei regali ai suoi bambini.

Gli anni del terrorismo si chiudono idealmente con l'assassinio del generale Dalla Chiesa, il protagonista della lotta al terrorismo, un terreno sul quale grande fu la collaborazione con mio padre. Formidabile fu l'azione dei carabinieri del generale e totale la sintonia con mio padre, con il quale erano amici da tempo: si erano conosciuti quando Craxi era un giovane assessore e Dalla Chiesa un giovane colonnello di stanza a Milano, poi trasferito a Palermo. Nonostante la distanza i due mantennero un costante contatto epistolare.

Serbo poi viva l'angoscia che si respirò in casa nei cinquantacinque giorni del rapimento Moro.

Sconcerto, spavento, la consapevolezza che era stato inferto un colpo durissimo alla democrazia, e di nuovo una battaglia da affrontare, questa volta per salvare la vita a un uomo. Ancora una volta nel tentativo di mistificare la storia e le intenzioni, raccontano che la posizione di Craxi, lasciato solo a difendere il fronte umanitario, rispondeva alla volontà politica di distinguersi dal Pci e dalla Dc, niente di più falso. Craxi, che pensava che l'individuo fosse più importante dello Stato, voleva impedire l'uccisione di Aldo Moro, tendergli un braccio, come faceva con qualunque essere umano in difficoltà.

Nottate passate con i suoi collaboratori a leggere e rileggere le lettere di Moro per cercare qualche indizio che potesse aiutare a ritrovarlo. Nella lettera che scrisse a lui personalmente a un certo punto Moro scrive: «Mi trovo sotto un dominio pieno e incontrollato» e Craxi si convinse fosse tenuto prigioniero in un'ambasciata dell'Est.

Già, Craxi e Moro, la politica che ha a che fare con la vita e con la morte, ma anche quella manina internazionale nelle vicende italiane.

Dopo quella sconfitta dolorosa, una delle tante, vennero gli anni delle vittorie esaltanti.

Alla Conferenza programmatica di Rimini del 1982, il punto più alto di elaborazione raggiunto dalla politica in quegli anni, ad affiancare la leadership di Craxi c'era la migliore intelligenza del Paese e se ripenso a quei giorni, a quei momenti, ciò che mi salta all'occhio è che a quelle intelligenze anni dopo, nel momento drammatico dell'attacco al partito e al suo leader è mancato il coraggio, tant'è che dopo la sua caduta nessuno di loro è poi stato in grado di raccogliere la sua eredità. Purtroppo non sempre l'intelligenza va a braccetto con la forza di carattere, e prova ne è che figure di grande acume che per anni avevano condiviso tutto con mio padre, nel momento più difficile hanno dato prova di tradimenti, infingimenti, viltà. E non perché non comprendessero la situazione, ma solo perché alla loro intelligenza non corrispondevano in pari misura la forza morale e il carattere.

Certo, il coraggio non è una dote così frequente negli uomini, però deve essere giocoforza la dote di un leader, la politica non ammette debolezze. Chi ha mai conosciuto un leader della storia che in un modo o nell'altro non abbia avuto o dimostrato coraggio?

Craxi era una sorta di ircocervo, era insieme uomo della storia e uomo della modernità.

Nutriva ansia di futuro ma aveva un animo di stampo ottocentesco, perché decideva di lottare fino allo stremo delle forze, fino a rinunciare alla propria vita per difendere le proprie idee. Non è un gesto del nostro secolo ma piuttosto di chi nutre passioni e ideali risorgimentali.

Era inutile provare a dirgli che oltre alla politica c'eravamo noi, la sua famiglia, non era un argomento che si poteva mettere sul piatto. La Politica, quella vera, aveva a che fare con la vita e con la morte. E ciò mi diventava chiaro ogni volta di più.

Coraggio e forza, la politica come strumento di vita e di morte, mi portano subito alla memoria una grande figura del socialismo italiano come Sandro Pertini. Un combattente, non solo metaforicamente, che alla lotta al nazifascismo aveva dedicato la sua gioventù, trascorsa tra il carcere e l'esilio francese. Le poche volte che ebbi occasione di vederlo in contesti più intimi, mi colpirono la sua schiettezza di linguaggio e il suo carattere duro, certamente temprato dalle vicende giovanili che lo avevano segnato nel profondo e ne avevano forgiato il carattere. Non dimenticherò mai un incontro al Quirinale durante gli anni del governo Craxi. Era domenica e mio padre doveva ritornare subito a Roma perché era stato chiamato dal presidente della repubblica. Mi chiese se volessi accompagnarlo e a me non parve vero. Partimmo subito da Malpensa con un aereo dei servizi e, giunti a Roma, andammo dritti al Quirinale, dove ad attenderci nel suo studio privato c'era Pertini. Appenata entrammo, neanche il tempo di fare qualche passo, iniziò a rivolgere epiteti irripetibili in direzione del presidente della Camera, Nilde Iotti, rea di aver fatto non so bene cosa. Rimasi attonita e, tra me e me, mi chiesi: «Ma è questo il presidente che tutti definiscono "buono"?» Mentre proferiva i suoi strali all'indirizzo della presidente della Camera si accorse che Craxi non era solo, bensì «accompagnato». Quel fiume in piena si fermò tutto a un tratto, il suo volto si addolcì e cambiò espressione dimostrando tutta quell'empatia umana che gli valse il titolo di presidente più amato dagli italiani. Tralasciò così per un momento ogni questione, ebbe a raccontarci di come e quando aveva conosciuto mio nonno. Ne serbava un grande ricordo e rammentava le battaglie comuni, il condiviso afflato ideale e i tanti momenti di difficoltà e le traversie che ebbero a sopportare durante gli anni della Resistenza. Questo suo modo di fare mi riconciliò con la sua ruvidezza iniziale. Ma non fu quella l'unica volta che lo incontrai. Sempre una domenica andai con mio padre a trovarlo nella tenuta presidenziale di Castel Porziano, dove amava trascorrere i suoi periodi di riposo. Non ho memoria neanche in quel caso dei temi del loro incontro, che si sviluppava tra momenti più impegnati e alcuni assai conviviali, ma non posso certo dimenticare il profondo senso di gratitudine che Craxi nutriva nei suoi confronti. Negli anni successivi a Palazzo Chigi non solo ebbe a dirmi che che «senza il suo appoggio il suo governo non sarebbe certo durato quattro anni», ma ricordava come l'incarico esplorativo conferitogli nel '79 avrebbe rappresentato un chiaro segnale politico di come stesse volgendo al fine la stagione dell'egemonia democristiana. Fu allora che Pertini rimandò indietro un Craxi che si era presentato in blue jeans, intimandogli di andare subito a cambiarsi e ripresentarsi in abiti consoni al luogo e all'occasione. Mio padre ci rideva sopra, ma colse di buon grado la lezione di Pertini, il suo alto senso delle istituzioni che, pur nel suo approccio assai poco formale alla presidenza della repubblica, non accettava in alcun modo uno svilimento del decoro anche estetico che la politica era chiamata a mantenere.

Negli anni del suo governo ho incontrato molte figure di primo piano della vita politica nazionale e internazionale, in particolar modo con gli esponenti del socialismo mediterraneo. Era molto legato a Mário Soares e Felipe González, due personalità che ebbe a sostenere politicamente e finanziariamente durante le traversie democratiche dei loro Paesi, al pari di quanto aveva fatto con François Mitterrand. La cosa che più mi colpiva era l'affetto e il senso di gratitudine che questi nutrivano nei suoi confronti: non tutti, però, si ricordarono di lui nel suo momento di difficoltà, quando era lui ad avere bisogno. Fu il solo Mário Soares a recarsi ad Hammamet, mentre i socialisti europei dichiaravano che il problema Craxi riguardava solo la giustizia italiana.

6

Una vita tutta mia

Già in tarda adolescenza sentivo crescere in me un forte desiderio di indipendenza.

C'è un aneddoto che spiega bene quella mia tempesta interiore. Da bambina avevo una grande passione per i cavalli, anche se mia madre insistette per portarmi a danza fino all'età di sei anni. Io mi sentivo ridicola con i fiocchetti rosa, la tutina e le scarpette, e piangevo perché volevo andare a cavallo. Credo che la mia passione sia ereditaria, perché come ho già detto la mia famiglia, quella da parte di padre, è originaria di San Fratello in Sicilia, terra di grandi allevatori di cavalli, la cui economia era fortemente legata a questo animale indomito. Deduco che i miei antenati probabilmente fossero proprio allevatori, perché io l'amore per l'atto del cavalcare me lo sento nel sangue. In ogni caso, a furia di pianti, riuscii a convincere mia mamma a portarmi nell'unico maneggio in cui a Milano, in quegli anni, era possibile praticare l'equitazione. Fin qui tutto normale ma poi, a quindici anni, andai ben oltre. Cominciai a scocciare mia madre perché andare a cavallo non mi bastava più, io volevo un cavallo...

Un cavallo in centro a Milano, non proprio sui monti Nebrodi in Sicilia! Non so come, ma riuscii ad avere la meglio, e ricordo perfettamente la sera in cui, quando mio padre tornò a casa per cena, mia madre gli andò incontro e disse, a modo suo, come se fosse la cosa più normale del mondo: «Sai, ho comprato un cavallo a Stefania».

Mio padre con il suo solito fare brusco, se ne uscì con una delle frasi che lasciavano l'interlocutore sempre senza parole. Pensò un decimo di secondo e rispose: «Passi mantenere tua figlia. Ma mantenere anche il suo cavallo mi pare troppo».

Sicuramente lui disse quelle parole a mo' di scherzo, la sua era una battuta, ma io mi offesi talmente tanto che decisi di andare a lavorare per mantenere da sola il mio cavallo, che si chiamava Navigator.

Sono stata baby-sitter, dog-sitter, ho fatto i pacchi di Natale in cartoleria e altri lavoretti tramite i quali ho capito il valore dell'indipendenza economica. Mi esaltava coltivare quel mio grande desiderio di indipendenza, che per la nostra generazione era l'obiettivo principale. Ero animata da quell'energia interiore, da quello stimolo, volevo cavarmela da sola, e il cavallo fu l'occasione giusta. Iniziai a lavorare per mantenerlo, ma poi, quando pochi mesi dopo Navigator non c'era più, io continuai a lavorare lo stesso, per non chiedere soldi a casa per le mie piccole spese.

Già a quei tempi, volevo fare la giornalista. Per essere ancora più precisi, il mio grande sogno, quand'ero all'università, era diventare un'inviata di guerra, e così mi adoperai per provare, in qualche modo, per iniziare a crearmi una strada nel giornalismo. Trovai delle collaborazioni saltuarie ma decisi sempre di firmare col cognome di mia mamma. Con una mia amica che condivideva la mia stessa passione scrivevamo su mille argomenti, pezzi di moda, di cultura, di costume. Se tentavo, però, di farmi assumere in qualche redazione finiva sempre malissimo, perché la risposta era: «Signorina, sa... con quel cognome». A Bianca Berlinguer è andata meglio, ma i socialisti erano bersagli da sempre, soprattutto per la stampa di sinistra.

Spesso dall'esterno, quando si pensa ai figli dei politici o dei personaggi in vista, si tende a pensare soltanto alle porte che si aprono. Sicuramente è vero, ma in realtà, specialmente a quei tempi, c'erano anche delle porte che si chiudevano. A me è capitato spesso, anche perché già quando ero così giovane era iniziata la demonizzazione nei confronti di Craxi. Una volta, per esempio, Gianni Bisiach, un grande giornalista, regista e divulgatore – e che a quel tempo era impegnato in Rai – mi propose di scrivere delle piccole sceneggiature per *Un minuto di storia*, un programma quotidiano allegato al Tg1 nel quale ogni giorno si raccontava in sintesi un evento storico accaduto nella data della messa in onda. Successe il finimondo... Interrogazioni parlamentari, critiche, attacchi. Fu impossibile continuare. Dovevo arrabattarmi come potevo e così organizzai a Milano, con dei miei amici di qualche anno più grandi di me, un convegno sulla Nouvelle Vague francese, movimento cinematografico che fece la storia del cinema negli anni Cinquanta e Sessanta. Io a quei tempi avevo circa vent'anni, loro ne avevano tra i venticinque e i trenta. Mi affidarono l'ufficio stampa, un compito che accettai anche con l'obiettivo di guadagnare qualche soldo. Lavorando in quel contesto pensai anche che forse qualche testata mi avrebbe affidato qualche pezzo sul convegno a Milano.

Mentre cercavo il modo di promuovere l'evento mi venne un'intuizione: in quegli anni a Milano impazzava l'era pionieristica delle tv libere, reti televisive commerciali che avevano iniziato a trasmettere da qualche anno con grande libertà editoriale, con tanto spazio riservato all'invenzione, alla creatività e alle idee, e soprattutto con palinsesti sempre avidi di nuovi contenuti.

La rete più vista era TeleLombardia e a dirigerla c'era un amico di mio zio Paolo Pillitteri. Chiamai la redazione e dissi: «Guardate, c'è un evento cinematografico importante in città, ci fareste un servizio? Parleremo di Nouvelle Vague, vengono anche i critici dei *Cahiers du Cinéma*...»

Loro mi risposero come mai mi sarei aspettata: «Se vuoi ti mandiamo una troupe, ma non abbiamo il giornalista. Fate voi il servizio».

Come ufficio stampa, il compito spettava a me, che non ero mai stata davanti a una telecamera. Non so dire neanche come sia venuto il servizio... Morale, iniziai a collaborare con questa piccola televisione. Era un lavoretto da poco che tuttavia mi consentì di imparare a fare qualsiasi cosa nel settore televisivo: bisognava proporre idee, scrivere, girare e montare i servizi, inventarsi le scenografie, organizzare le troupe... insomma, bisognava pensare a tutto. Fu un'esperienza molto formativa, che mi divertì molto. Assieme a me lavorava una mia cara amica, Cinzia Liguori, che ancora oggi è la mia migliore amica. Lo è stata sempre, anche nei momenti difficili. Cini è la sorella che non ho avuto e so che su di lei potrò sempre contare. Già a quei tempi eravamo affiatatissime, in gamba, e a un certo punto da TeleLombardia ci arrivò una proposta di quelle che non si potevano rifiutare: «Perché non create una trasmissione di sabato sera?» ci chiesero.

Era allettante ma c'era un ma, avevamo a disposizione la fascia oraria della mezzanotte di sabato, e così ci domandammo: «Chi guarderà il nostro programma a tarda ora tra sabato e domenica su una piccola televisione privata?»

Pensavamo di poter contare su poche decine di telespettatori, ma avevamo entusiasmo e intuito, e così andammo avanti. Ci inventammo un format di varietà dal titolo *Quasi domenica*. Non c'era una lira e bisognava fare le nozze coi fichi secchi. Dovevamo lavorare d'inventiva.

Eravamo giovani, ma creavamo connessioni che effettivamente non c'erano ancora e che avevano potenziale.

In *Quasi domenica* raccontavamo un po' tutto quello che avveniva a Milano, dalle prime teatrali agli eventi live, dai concerti alle mostre. I comici e gli artisti che volevano promuovere i loro spettacoli iniziarono a venire in diretta da noi a mezzanotte, in sede a TeleLombardia, per presentare i loro show e parlare di cinema, arte e teatro. Avevamo una soubrette che sapeva fare la comica. Si chiamava Daniela Piperno, era brava e buffa e il programma iniziò a ingranare, e dal nostro studio passarono artisti poi divenuti noti su scala nazionale, come Francesco Salvi, David Riondino, o il gruppo del teatro dell'Elfo, dove esordirono, tra gli altri, Claudio Bisio, Paolo Rossi e Silvio Orlando.

Gli editori davano fiducia a queste due ragazze inesperte ma piene di buona volontà e di grande inventiva. Per me fu l'inizio di una carriera.

Facevo la producer per una trasmissione su TeleLombardia quando mi chiamarono per organizzare una trasmissione su Telemontecarlo, che intanto era passata in mano a investitori brasiliani. Inoltre collaboravo con un mensile di moda... Insomma, mettevo insieme tanti stipendi, e sommando tutte le collaborazioni guadagnavo una cifra ragguardevole per una ragazza così giovane. Del resto, non potevo permettermi di non lavorare. Avevo fatto la mia scelta. Se tra i motivi che mi avevano spinta a uscire di casa così presto c'era sicuramente un profondo bisogno di indipendenza, l'altro motivo fu l'orgoglio, perché io volevo che mio padre capisse bene, senza alcuna titubanza, che quando rinunciavo a stare con i miei amici al sabato e alla domenica per stare con lui, io non lo facevo per contingenza economica, o per ricevere in cambio vantaggi materiali, o perché pensavo di essere in obbligo di farlo. No, nient'affatto. Se stavo con lui era perché si trattava di una mia scelta precisa.

Io volevo stare con lui.

Il mio metro di paragone e di confronto, nella vita, era sempre lui. Era come se volessi dirgli: «Non pensare che in questi anni io abbia passato con te tutto il tempo che potevo perché lo sentivo come un obbligo. Se l'ho fatto è perché volevo farlo». Non ce lo siamo mai detti, non ho mai potuto confessarglielo apertamente per quel solito pudore dei sentimenti che lo contraddistingueva, ma credo che quel messaggio gli sia arrivato. Io però, nel frattempo, continuavo ad andare avanti per la mia strada.

Qualche tempo dopo mi ritrovai con un amico con cui avevo lavorato bene durante il convegno sulla Nouvelle Vague. Lui era andato a lavorare come assistente di Vittorio Moccagatta, che a quel tempo era il capo delle relazioni esterne di TeleMilano 58, la rete libera che di lì a poco si sarebbe trasformata in Canale 5. Il mio amico mi disse: «Sai, qui stanno iniziando a fare un nuovo programma di informazione, un settimanale. Se vieni, ti faccio avere un colloquio con il capo del personale».

Io accettai, ero felice, c'era finalmente la possibilità di aprirmi un percorso da giornalista. Poi, davanti al capo del personale ebbi il solito problema... «Io vorrei fare la giornalista» dissi «so che sta partendo un nuovo programma...»

Lui mi guardò, un po' sconsolato e mi disse la solita frase: «Signorina... con quel cognome... ma se vuole c'è un posto come segretaria di produzione agli spettacoli».

Era tutt'altra cosa, però non è che avessi la possibilità di dire di no, volevo mantenermi da sola e avevo bisogno di guadagnare. Quindi accettai. Poi fuori dagli uffici piansi per la delusione, ma in poco tempo, nei mesi successivi, mi accorsi che stavo imparando un mestiere.

Quando mi offrirono quel posto e dissi di sì non fui contenta, perché io volevo fare la giornalista, e non la segretaria di produzione di *Risatissima*... eppure non mi rivolsi a mio padre per farmi aiutare. E fu la mia fortuna, perché la vita a volte prende i suoi percorsi imprevedibili. La verità è che iniziai a divertirmi tantissimo e dopo la prima settimana di mugugni fra me e me cominciai a lavorare duramente, senza sosta, dalle nove del mattino alle tre di notte, perché anche nel settore della produzione televisiva l'Italia viveva una fase pionieristica. Avevo la sensazione di fare qualcosa di importante, perché *Risatissima* era il primo programma del sabato sera che veniva prodotto in concorrenza con i varietà dell'ammiraglia Rai. Era una sfida. Prima di *Risatissima* nessuno aveva mai osato sfidare il palinsesto del sabato sera della televisione pubblica, e fu un'esperienza entusiasmante. Si lavorava tanto, stavamo ancora nelle baracche da cantiere, e chiamavamo il bar vicino agli studi perché ci venissero cucinati degli spaghetti a mezzanotte. Avevamo orari assurdi e le troupe diventavano di fatto una nuova famiglia con cui scherzare, litigare, riappacificarsi, confidarsi. E così imparai un lavoro duro e difficile. Forse, in qualche modo, l'inviata di guerra alla fine ero riuscita a farla lo stesso.

Dopo quei primi momenti esaltanti venni assorbita sempre di più da quella vita.

Sviluppai altre amicizie, frequentai altri ambienti, coltivai nuovi rapporti. Tant'è che nei primi anni Ottanta – nel 1983 Craxi era già diventato presidente del Consiglio – io ero già arrivata a fare l'assistente al produttore per il Festivalbar. Un grande circo itinerante, con la finalissima che si svolgeva nel meraviglioso scenario dell'Arena di Verona. La mia era una vita frenetica, ma per me era bella proprio perché per mesi ci si immergeva in una quotidianità totalmente diversa. Quando ero a casa a Milano sentivo il peso istituzionale di essere la figlia del presidente del Consiglio, perché in famiglia non c'era più quell'intimità (che forse a pensarci bene non c'è mai stata), c'era molta pressione, e così ero felice quando ero in viaggio per lavoro.

La mia seconda famiglia era la troupe, e vivevo una doppia dimensione. Con mio padre mi sentivo solo al telefono, vivevamo in due realtà parallele. Gli echi della vita da figlia di Craxi, e la mia vita quotidiana, simile a quella di un circense itinerante.

Ero fortunata, perché il lavoro era il modo migliore per alienarsi dalla pressione politica e mediatica che sulla mia famiglia, almeno per me, era diventata un po' troppo pesante.

Durante il Festivalbar 1985 conobbi Lucio Dalla e fu un incontro fulminante. Era la sera della finale di Verona, lo vidi in albergo. Passammo la serata a chiacchierare e da lì, per i due anni seguenti, la mia vita è diventata Lucio. Stavamo sempre insieme, appena possibile. Se io andavo a Bologna dormivo da lui, se Lucio veniva a Milano dormiva da me. A Roma no, perché io alloggiavo al Raphael, che anche per me era la vera casa romana, mentre lui abitava a vicolo del Buco. Passammo due anni di vita spesso insieme. In vacanze alle Tremiti, in viaggio in America, un weekend ad Amburgo o spesso in tournée, chissà dove.

Se non eravamo insieme non passava settimana che non ci telefonassimo, ed eravamo diventati così fraterni che a un certo punto lo portai a casa, anche perché quell'amicizia, nel frattempo, era condivisa con mio fratello Bobo, con il quale sin da allora su tutto il resto avevamo intrapreso strade separate. Portammo Lucio a casa, da Bettino. Come mai? Innanzitutto perché era divenuto parte integrante del nostro quotidiano, poi perché a pelle intuimmo che effettivamente lui e mio padre avevano davvero molte cose in comune. Tanto per cominciare a tutti e due piacevano gli irregolari, e poi naturalmente c'era la musica...

Come previsto, si piacquero molto, c'era grande intesa tra loro, e così avere Lucio Dalla con noi a casa a Milano diventò un'abitudine. Grazie alla sua presenza riuscii addirittura a portare mio padre in vacanza alle Tremiti per un fine settimana, qualcosa di impensabile per lui che, soprattutto in quegli anni, non voleva e non poteva staccare mai dalla politica. Poi ci fu il tempo trascorso insieme ad Hammamet, dove Lucio compose addirittura parte di un album. Quante volte mi sono addormentata in sala di registrazione alla Fonoprint di Bologna, o al Castello di Carimate. Ci sono due canzoni di Lucio Dalla, per me molto belle, a cui sono particolarmente legata: *Telefonami tra vent'anni*, che compose a Milano a casa nostra, e *Latin Lover*, dell'album *Henna*, in cui la Tunisia è citata nel testo e che fu scritta proprio ad Hammamet.

Oggi, a distanza di anni, non saprei come definire il legame tra me, Dalla e tutta la famiglia allargata che ruotava attorno a lui – Ron, Tobia Righi, Bibi Ballandi, Renzo Cremonini, Ambrogio Lo Giudice, Andrea Faccani, gli Stadio – perché fu un rapporto totalizzante che riguardava l'amore, l'amicizia, il senso di famiglia.

Tra noi era nata un'intesa naturale. Non so dire neanche perché negli anni successivi poi ci siamo un po' persi, però quel che è certo è che Lucio Dalla è stato tra i pochi che non hanno mai rinnegato l'amicizia con mio padre, al punto che anche dopo la «dannazione» di Craxi fu tra quelli che lo andò a trovare in Tunisia.

La notte del fatidico 19 gennaio, il giorno in cui mio padre morì, Dalla era in concerto a Milano e quando seppe la notizia, quella sera stessa, in apertura di concerto andò al microfono e disse: «Stasera è morto un mio amico, gli dedico questa mia canzone». Aprì la serata con il pezzo *Milano*, e fu un omaggio all'amore che Craxi provava per la sua città, lo aveva scritto su un'agendina mentre mangiavamo insieme a mio padre in un ristorante. «Milano vicino all'Europa», l'incipit della canzone, fu utilizzato da Craxi come titolo di una pubblicazione della presidenza del Consiglio europeo del 1985 a Milano che pose le basi per la costruzione dell'Unione Europea.

Musica e politica si incontravano spesso nel nostro mondo: mio padre per esempio si innamorò di una canzone di Francesco De Gregori, *Viva l'Italia*, con cui volle chiudere il Congresso di Palermo del 1981, nello scandalo dell'apparato più tradizionalista del partito. A dire il vero De Gregori non gradì e anche negli anni di Tangentopoli su Craxi ebbe parole dure. Sono però felice che, con il trascorrere del tempo, anche lui abbia rivisto il suo giudizio su mio padre. In una sua intervista di una decina di anni fa ebbe a dire che avrebbe comprato una macchina usata da Craxi e non da Di Pietro.

L'esperienza al Festivalbar durò grossomodo tre anni molto intensi.

A seguire feci l'assistente al produttore anche di Miss Italia a Salsomaggiore Terme. Oggi il tema del concorso di bellezza è un po' controverso, molti non accettano più una gara che giudichi le donne solo per la loro componente estetica. Tuttavia lo svilimento della figura femminile, i cliché di cui le donne sono spesso oggetto, non dipendono certo da un concorso di bellezza, pensarlo è un frutto avvelenato del nostro tempo, un abuso del politicamente corretto che danneggia le stesse donne. Sul piano lavorativo anche Miss Italia è stato un grande divertimento, un'ottima palestra di esperienze e di vita dove ho potuto intrecciare nuovi rapporti professionali e umani. Nel frattempo maturava in me un desiderio sempre più forte di indipendenza anche sul piano professionale, non ne potevo più di lavorare a Canale 5, che si era trasformata in una delle reti più seguite del Paese e stava diventando una grande azienda. Non c'erano più le baracche da cantiere ed erano in costruzione i grandi uffici. Ma proprio in quel periodo la vita mi riservò una sorpresa. Quando Berlusconi comprò Rete 4, a lavorare nell'ufficio di fianco al mio arrivò un certo Marco Bassetti. Chi era Bassetti? Era un ragazzo che io avevo conosciuto all'università, in circostanze che ricordo con esattezza. Stavo dando l'esame di Storia delle dottrine politiche con Ettore Albertoni... e all'improvviso entrò un ragazzo alto che doveva parlare col professore e mi passò davanti senza alcuna premura. Io pensai: «Ma guarda questo, proprio durante il mio esame!»

Fu una toccata e fuga, ma poi, per decisione del destino, io e Marco negli anni successivi ci siamo incrociati spesso. Lui aveva iniziato a lavorare in un'altra televisione libera, Antenna Tre, e quindi era facile incontrarsi durante i convegni sul sistema televisivo o alle feste dell'ambiente mediatico milanese.

Quando me lo ritrovai per caso nell'ufficio di fianco pensai: «Però... niente male 'sto Bassetti» ma purtroppo lui era già sposato. Era un periodo in cui sentivo moltissimo quella pressione esterna cui ho già accennato, nel senso che sì, è vero che facevo il Festivalbar, è vero che con Lucio vivevo per strada, però mio padre era sempre il presidente del Consiglio e il riverbero di quella dimensione finiva per arrivare lo stesso anche in famiglia. L'attenzione su quello che facevo io da figlia del presidente del Consiglio era raddoppiata: diciamo che molti – amici, compagni, famiglia – si sentivano in dovere di mettere becco nella mia vita privata. Era una situazione complicata in cui non mi sentivo a mio agio. Così, durante una delle mie scorribande al seguito del Festivalbar incontrai un ragazzo più grande di me, bello, simpatico, intelligente, che non leggeva nemmeno i giornali, perché era un altro che come me amava vivere per strada. Si chiamava Renato Neri e veniva da una famiglia umile. Modenese di Mirandola, si era fatto da solo lavorando come elettricista. Poiché era molto bravo, era diventato il light designer dei Pooh, andava in tournée con loro e si occupava delle luci anche per il palco del Festivalbar. Ci fu subito intesa tra noi. Grazie a lui, alla chetichella, trovai il modo di continuare la mia vita di strada. Poi andammo oltre e all'improvviso prendemmo la decisione di sposarci. Fu una scelta repentina. Un mattino, con due amici al seguito insigniti del ruolo di testimoni e con la macchina scassata di uno di loro partimmo per andare in Comune a Milano, a sposarci. Io, nel frattempo, avevo avvisato mio zio Paolo Pillitteri che era il sindaco. Lo chiamai e gli dissi: «Zio, se io mi sposo non voglio che si sappia, non voglio familiari in giro. Vengo in Comune lunedì mattina. Io, il mio futuro marito e due testimoni. Nessun altro».

Gli diedi in mano una bella patata bollente, ma con lui eravamo molto complici. Così sposai il bel light designer nell'anonimato e il giorno dopo, naturalmente, la notizia era su tutti i giornali. C'erano articoli, titoloni sul matrimonio incriminato. Nel frattempo, Marco Bassetti era sempre il mio dirimpettaio in ufficio ed era sempre sposato. La vita da dipendente di una grande azienda mi stava sempre più stretta e così cominciai a incalzare Marco per metterci in proprio. Volevo aprire con lui una società di produzione esterna. Gli dissi che in quel momento era in grande ascesa una nuova realtà, Odeon Tv. Doveva diventare il terzo polo televisivo italiano con investitori importanti come Callisto Tanzi della Parmalat e lo sponsor politico era Ciriaco De Mita, uno degli uomini più in vista della Democrazia Cristiana, nonché acerrimo nemico di mio padre, e aggiunsi che già molti nostri amici e colleghi si erano spostati a lavorare lì. A Odeon inoltre non avevano tante strutture, e di certo avrebbero dovuto esternalizzare: a mio giudizio, dunque, in un momento di espansione enorme del settore, aveva molto senso mettere in piedi una società di produzione indipendente.

Marco in quel momento era in carriera, era il più giovane produttore di Mediaset e aveva molti più dubbi di me sull'opportunità di intraprendere una nuova strada, ma io ero molto decisa e lui mi seguì un paio di mesi dopo. Fondammo la Italiana Produzioni e prendemmo in affitto un ufficio versando venti milioni di lire di capitale sociale. Era tutto ciò che avevamo. Non comprammo i mobili perché non potevamo permetterceli, ma c'era un telefono e ci bastava. I primi soldi li guadagnammo organizzando la festa di Fiorucci a Milano. Anche Fiorucci, titolare di un marchio di moda molto in auge in quel momento, era un mio amico e così mi affidò l'organizzazione della sua festa annuale che diventò un evento nella Milano di quegli anni. La festa costò poco ma rappresentò un grande avvenimento in città, tanto che arrivò la polizia a bloccare la gente perché non potevamo fare entrare tutti. Andò in scena al Superstudio, uno spazio fotografico messo in piedi da Fabrizio Ferri, un artista geniale, e fu il nostro primo grande evento. Anche il secondo fu quasi un disegno del destino... Mi ritrovai a cena dall'editore Pistolese, che aveva in animo di fondare un mensile di nome *Taxi*. Voleva fare uno spot pubblicitario per il lancio, un lavoro che non avevamo mai fatto... Evidentemente fui persuasiva, lui si fece convincere e quello spot fu il nostro secondo lavoro. Potevamo comprarci le scrivanie. Certo, in quel momento mai avrei pensato che Marco sarebbe diventato il compagno della mia vita, con il quale avrei affrontato tante tempeste rimanendo uniti.

La società era lanciata. Da quel momento iniziammo a proporre format e nuove produzioni ai nostri contatti, che nel frattempo erano approdati a Odeon Tv e a Telemontecarlo. Avevamo tante idee e molte si rivelarono vincenti. Su Odeon Tv iniziammo a produrre il format per bambini *Slurp!*, antesignano di *Bim Bum Bam* con Paolo Bonolis, che poi ebbe un grande successo sulle reti del biscione. Per Telemontecarlo producemmo un altro programma per bambini destinato al palinsesto del pomeriggio, *Amici Mostri*, con Alessia Marcuzzi, e poi il celebre programma di calcio *Galagoal* con Alba Parietti, che diventò un fenomeno nazionale di costume. In pochi della mia generazione non ricordano l'immagine di Alba slanciatissima seduta sul suo sgabello.

Furono anni intensi e felici, ma Odeon Tv fallì, schiacciata dalla concorrenza. Noi riuscimmo a non accusare troppo il colpo perché avevamo la stessa banca del gruppo in istanza di fallimento e risultammo tra i primi creditori che furono pagati, quindi la nostra società sarebbe andata avanti. Anche perché intanto, negli anni precedenti, io e Marco avevamo allargato il giro delle collaborazioni con Rai e Mediaset. In Rai entrammo grazie a un'idea che piacque ad Angelo Guglielmi. Il format, di grande successo, era *A letto con Amanda* e consisteva in interviste a personaggi in vista condotte dalla grandissima Amanda Lear, una donna geniale, fantastica, intelligente e ironica, davvero strepitosa. Chiamai Angelo Guglielmi che mi ricevette, forse per curiosità, e timidamente dissi: «Ci è venuta l'idea di fare un programma con Amanda Lear...» Lui rispose: «Bella idea, facciamolo». Se di mezzo c'era la Rai su di me c'era sempre un'attenzione malevola. Interrogazioni parlamentari, articoli di giornale maliziosi, ma la produzione televisiva era il mio lavoro.

La prima collaborazione con Mediaset fu invece un piccolo programma sponsorizzato dalla Federlegno, poi, subito dopo, iniziò l'epopea di *Bellezze al bagno*. Anche in quel caso andammo da Mediaset portando un'idea in cui credevamo molto. Non c'era più *Giochi senza frontiere*, amatissimo dal pubblico, e ci venne l'intuizione di rilanciare un programma di giochi acquatici dove si scontravano le delegazioni di due Comuni italiani di villeggiatura, che tra l'altro avrebbero anche potuto pagare una parte del budget per farsi pubblicità, come effettivamente andò. Originariamente il format si chiamava *Mare contro mare*, in omaggio a una prima edizione che in Rai era andata in onda nel 1965, condotta da Aroldo Tieri e Silvana Pampanini. La prima stagione di quel reboot la facemmo in Rai, con un contratto di un solo anno. L'anno dopo pensammo di proporre lo stesso format a Mediaset per valorizzarlo, e a loro piacque molto. Nella riunione decisiva c'era anche Silvio Berlusconi in persona che intervenne dicendo: «Okay, facciamolo. Ma *Mare contro Mare* non va bene. Chiamiamolo *Bellezze al bagno* come il vecchio film. E poi metteteci dodici ballerine per gli stacchi musicali e per segnare i punti». *Bellezze al bagno* spopolò, fu un grande successo e andò avanti dal 1989 al 1993. Il programma, rigorosamente in diretta, veniva trasmesso dalla costa romagnola e così Rimini, Riccione e Cesenatico diventarono la nostra seconda casa stante il fatto che le riprese in diretta duravano mesi. Nel frattempo, per Rai Tre lanciammo un programma che si chiamava *La macchina della verità*: fu l'antesignano degli attuali format a sfondo crime, perché noi, usando una vera macchina della verità, riuscivamo a creare quella suspense unica creata dal connubio tra realtà e finzione televisiva. La prima stagione la condusse Giancarlo Santalmassi, il giornalista socialista del Tg2 (sempre la comunità) che diede per primo in Italia la notizia del rapimento di Aldo Moro e dell'uccisione di tutta la sua scorta da parte delle Brigate Rosse.

Insomma, io e Marco eravamo bravi e lavoravamo tanto, stando molto tempo insieme fuori di casa. Quei programmi per molti mesi l'anno erano la nostra vita, la nostra famiglia, e con quella prossimità fu facile entrare in sintonia. Così ci siamo innamorati e io decisi di separarmi. Dovevo solo andare da mio padre e dirglielo... L'epopea dell'azienda intanto continuava e ci trovammo ad affrontare la questione Pippo Baudo.

Baudo se n'era andato via dalla Rai nel 1987. Aveva accettato l'offerta di Berlusconi per diventare direttore artistico di Canale 5 e condurre un varietà del venerdì sera chiamato *Festival*, che pur potendo contare su grandi investimenti non andò molto bene. Così Pippo litigò con

Mediaset, risolse la contesa economica per la penale cedendo a Berlusconi un palazzo nel centro di Roma e restò fermo un anno. In Rai tuttavia, ancora offesi dal suo addio, non lo facevano rientrare, e uno dei suoi autori, che si ritrovò a lavorare con noi, nel team di *Macchina della verità*, Franco Torti, mi propose di incontrarlo. Io pensai: «Perché no?» Combinò una cena e io e lui ci trovammo da soli in un ristorante. Ci piacemmo subito, anche perché Baudo era ed è un uomo molto colto, un siciliano pragmatico e intelligente. Restava da capire come farlo rientrare nella televisione pubblica. Mi venne un'idea. Andai da Marco e dissi: «Senti un po', a Rai 1 Baudo non lo vogliono, c'è questa specie di ripicca contro di lui che se n'è andato. Se provassimo con Rai 2?» Chiamai l'allora direttore di rete Luigi Locatelli, un socialista con cui avevo passato molto tempo in occasione del famoso Congresso di Palermo. Eravamo al palazzo dei Congressi del capoluogo siciliano la notte in cui Craxi venne eletto segretario per acclamazione dopo uno scontro con la sinistra del partito. Craxi andò a dormire all'una di notte, mentre la notizia dell'elezione arrivò per le sei del mattino. Io come sempre ero rimasta sveglia, in quelle occasioni l'unica «fauna» che per lavoro doveva restare sveglia erano i giornalisti. Così passai tutto il tempo con Luigi Locatelli, che anni dopo diventò direttore di Rai 2. Dunque lo chiamai, e gli dissi: «Luigi, vorrei venire a parlarti di una cosa». Gli spiegai di Baudo e lui accettò. Questo per ribadire che sì, è vero che c'entrava il partito, ma come comunità, e non perché mio padre alzava il telefono e dava disposizioni. Quello non l'ha mai fatto. A Locatelli dissi: «Luigi, perché non provi a fare una cosa un po' lontana dalla logica della tua rete, che però potrebbe avere un grosso impatto mediatico? Riprendi Pippo Baudo». Lui rispose: «Ottima idea». Pochi mesi dopo Baudo era di nuovo in Rai, proprio a Rai 2, a condurre *Serata d'onore*. La prima puntata, con Celentano e Jovanotti, registrò subito un'alta percentuale di share, dodici milioni di telespettatori, numeri pazzeschi che ci permisero di continuare per due anni, nel 1991 e nel 1992. Il programma consisteva in grandi interviste a personaggi sulla cresta dell'onda, corredate poi da momenti di varietà distillati per l'intero minutaggio. In una delle ultime puntate ci fu Indro Montanelli in preda a una crisi depressiva. A un certo punto qualche ora prima di andare in onda, chiamò Baudo e gli disse: «No Pippo, proprio non me la sento, non lo faccio». Presi la macchina e andai a Milano, per far fronte a quel suo momento di umana debolezza e per tutto il collegamento restai con lui. Se ne stava seduto sulla poltrona, mentre io ero per terra e lo tenevo per mano, per aiutarlo a fare l'intervista. Per di più le riprese televisive si svolgevano al teatro Verdi di Montecatini, una ridente cittadina dove conservo ancora tanti amici e dove mio nonno Vittorio andava a fare le cure termali.

Quella televisiva è stata un'avventura straordinaria, coincideva con un periodo di grandi cambiamenti nel Paese e nel settore radiotelevisivo, e poi l'idea di una vita tutto sommato libera, sempre in giro, sempre in strada, oggi mi manca e mi affascina ancora.

Intanto, durante quel caos, dovevo ancora dire a mio padre che il mio matrimonio era finito. Un giorno lo chiamai e gli dissi: «Papà, ti devo parlare. Sono a Roma ed è indispensabile vederti da solo». Non gli avevo detto che mi sarei sposata e quanto meno, per non incorrere nello stesso errore, mi sembrava giusto informarlo della mia separazione. Mi diede appuntamento nella sala da pranzo dell'hotel Raphael e arrivò con un'aria un po' accigliata, sembrava molto sulla difensiva, e probabilmente pensava che l'avrei messo sul banco degli imputati per qualcosa che aveva fatto... Anche perché, come ho già accennato, la gelosia era parte integrante del nostro rapporto. Io ho sempre fatto scenate di gelosia a mio padre, dato che lui era uno che piaceva alle donne – da sempre – e a cui piacevano le donne. Era facilissimo sedurlo, impossibile tenerlo, ci è riuscita solo mia madre con una capacità di amore e di perdono che ancora le invidio. Quella volta si sedette al tavolo e mi disse: «Be', che c'è?» Dalla mia bocca venne fuori un terribile ma direttissimo: «Ho deciso che mi separo, non abbiamo più niente da dirci», una frase di una banalità sconcertante. Lui mi guardò, alzò gli occhiali, e mi rispose: «Questo si vedeva anche prima». Laconico, poi aggiunse: «E se una moglie non ha niente da dire a suo marito vorrà dire che avrà qualcosa da dire a qualcun altro».

Aveva già capito tutto. Lui si accorgeva e si preoccupava sempre delle difficoltà degli altri, che si trattasse di noi figli o dei suoi collaboratori, amici o familiari, però non esprimeva la sua vicinanza a parole. Lo faceva scegliendo il basso profilo, quasi come se il suo aiuto, che magari poteva essere decisivo, fosse una piccola cosa senza importanza. Non sottolineava mai che si stava adoperando per qualcun altro. A me questo modo di fare è sempre apparso un tratto di grande empatia verso il prossimo, specchio di una profonda umanità. Non mostrava nulla però agiva. Aveva una difficoltà cronica a mostrare i sentimenti che provava, perché, come ho già avuto modo di dire, era tutto politico ma, benché la politica fosse sempre in cima ai suoi pensieri, si accorgeva sempre degli stati d'animo di coloro che aveva intorno ed era sempre pronto a tendere la mano a chi affrontava difficoltà, grandi o piccole che fossero.

Continuammo la colazione nel più totale silenzio e l'argomento non fu mai più affrontato a casa mia, neanche da mia mamma. Io quell'estate andai a fare le vacanze ad Hammamet in famiglia, e portai con me proprio Marco, che oggi è ancora mio marito e il mio compagno di vita, insieme ad altri quattro o cinque amici. Tra l'altro, già nel mio primo matrimonio ero rimasta incinta, e quindi nel frattempo mi era nato anche Federico che aveva circa un anno e mezzo, era piccolissimo, e in quei giorni, quando scendevo al mare, mio padre convocava le mie amiche – che avevano la consegna del silenzio – e provava a carpire informazioni interrogandole a mia insaputa. «Come mai» domandava «quel ragazzo (Marco) accompagna tutte le mattine in spiaggia Stefania col bambino?»

Sapeva già tutto, forse prima di noi. Io tenevo nascosta la natura di quella nuova relazione. Quando poi partimmo per una settimana in Irlanda, la prima vacanza insieme da soli, raccontai che si trattava di un viaggio di gruppo. Non era ancora il momento giusto per l'annuncio...

Con Marco abbiamo avuto due bambine, Anita e Benedetta, e furono proprio loro, insieme a Federico, a scegliere il cast della prima edizione del *Grande Fratello*, il programma che cambiò il linguaggio televisivo introducendo il reality show. Ad agosto portammo a casa le cassette dei provini dei ragazzi che avrebbero abitato la casa e furono proprio i bambini attraverso le loro preferenze a indicarci i dieci che entrarono nella casa: Pietro Taricone, Cristina Plevani, Marina La Rosa, Rocco Casalino, per citarne alcuni. Il GF ebbe un impatto sull'opinione pubblica inaspettato, non si parlava d'altro, nei bar, dal parrucchiere, in ufficio, e subito i giornali della sinistra cominciarono a moralisteggiare anche su questo. In realtà era un esperimento sociologico, importato dal format olandese *Big Brother*, nato dalla geniale mente di John de Mol, che aveva osservato in un suo viaggio a Houston gli astronauti che venivano rinchiusi per prepararsi a convivere nello spazio. Fu la mia ultima esperienza nel campo della produzione televisiva.

Più penso ai titoli delle trasmissioni – *A letto con Amanda*, *Risatissima*, *Stasera mi butto*, *Bellezze al bagno*, *Furore*, *Festivalbar*, *Grande fratello*, *Serata d'onore*, o anche alle serie televisive come *Caro maestro*, *Vivere* o *Un posto al sole* – e ai tanti personaggi che vi hanno partecipato – Marco Columbro, Lorella Cuccarini, Paolo Bonolis, Raffaella Carrà, Claudio Cecchetto, Milly Carlucci – e più mi accorgo che questo pezzo della mia vita scorreva immerso in un'altra epopea, quella dello show business che ha segnato l'immaginario collettivo di intere generazioni incidendo sul cambio dei costumi e sulla dieta mediatica del Paese.

7

In viaggio con Bettino

A un certo momento, mio padre deve essersi accorto che, da presidente del Consiglio, il tempo che poteva dedicare ai suoi figli era davvero poco. Cominciò a invitarci nei suoi viaggi all'estero. Probabilmente sottovalutando il fatto che la ragione sottesa (e non espressa, al solito) veniva da me presa molto sul serio. Negli anni di Palazzo Chigi individuai subito il mio uomo, il prefetto Bottiglieri, capo del cerimoniale, e, già da sotto la scaletta dell'aereo, gli rendevo nota la ragione del mio viaggio: volevo stare con mio padre, quindi avrebbe dovuto farmi la cortesia di aggiungermi ai suoi programmi e non a quelli delle altre donne al seguito, compresa mia madre. Al suo: «Signorina non è possibile» opponevo un tale quantitativo di argomentazioni, condite da altrettante lusinghe, che riuscivo quasi sempre a ottenere il mio scopo. Mi sono infilata nello studio ovale di Reagan con i giornalisti che ponevano un fuoco di fila di domande a lui e a Craxi, al Cremlino da Gorbaciov, da poco eletto, e ricordo la preoccupazione che mio padre nutriva sul rischio di una dissoluzione dell'Urss frettolosa e disordinata. Assistetti all'intemerata di Gromyko contro gli euromissili, a cui Craxi, da uomo dell'Occidente, oppose un ragionamento che non faceva una piega: «Se voi non mettete i vostri missili puntati verso l'Europa, noi rinunceremo a mettere i nostri».

Ho ancora vivo in me un ricordo dell'autunno del 1988, eravamo a New York, e controllando i prestampati dei programmi mi ritrovai a una colazione di signore. Mi precipitai a protestare per un presunto errore, ma mi sentii rispondere: «No, signorina, stamattina non potrà seguire suo padre, la colazione è riservata». A nulla valsero le mie rimostranze, fintanto che l'incaricato del cerimoniale decise di far dirimere la questione a Craxi, al quale disse: «Spieghi lei alla signorina che non potrà presenziare alla colazione di oggi, gliel'ho già anticipato ma non sente ragioni». Mio padre si voltò e disse solo: «Be', non dà mica fastidio», e mi ritrovai con le maggiori istituzioni finanziarie private, c'erano Rockefeller e anche Gianni Agnelli, a cui Craxi intendeva illustrare la sua idea per la riduzione del debito del Terzo Mondo. Il suo impegno si sarebbe concretizzato, l'anno successivo, con l'incarico ricevuto da Pérez de Cuéllar, segretario generale Onu, come suo rappresentante personale per il problema del debito dei Paesi in via di sviluppo. Lo sbocco finale fu il cosiddetto rapporto Craxi che venne approvato il 23 ottobre 1990 dall'Assemblea generale delle Nazioni Unite, ma che purtroppo rimase lettera morta lasciando aperta quella che ancora oggi è la grande questione sociale della nostra epoca. Sul divario tra Nord e Sud del mondo non si è ancora fatto abbastanza, con Stati che rischiano il default e altri che oggi vivono sotto il ricatto di potenze con mire egemoniche in uno scontro geopolitico che vede l'Occidente con le sue democrazie da una parte e dall'altra sistemi di governo e valoriali completamente opposti.

Quello di mio padre fu un successo impensabile anche solo un anno prima, se si considera che in quel frangente storico lo scontro tra Paesi creditori, banche – Banca mondiale, Fondo monetario internazionale – e Paesi debitori era giunto al culmine della crisi. Un lavoro diplomatico lungo e certosino capace di coniugare volontà politica e interessi economici, fornendo al contempo soluzioni possibili e accettabili, che se perseguito avrebbe evitato numerosi problemi dei nostri tempi.

Ho un ricordo vivido di molti viaggi, mi sovviene per esempio di quando Craxi, presidente del Consiglio, portò l'Italia in quello che sarebbe diventato il G7. Eravamo a Tokyo, chiusi in un albergo completamente blindato, c'erano persino i sommozzatori in piscina. L'obiettivo da raggiungere era chiaro, ma irto di difficoltà. All'ingresso dell'Italia nel club dei grandi della Terra si opponevano i francesi. Craxi era coadiuvato dal suo ministro degli Esteri, Giulio Andreotti, e da un giovane direttore di Bankitalia, Lamberto Dini, ed era più che mai determinato a conseguire il risultato. Fu in questo contesto, carico di tensione, che assistetti a una scena incredibile. La mattina vidi Craxi dirigersi verso gli ascensori da cui usciva Ronald Reagan: mio padre non parlava inglese e Reagan non conosceva una parola di italiano, eppure il colloquio fu lungo e intenso. Ho negli occhi l'immagine di mio padre che inchioda il presidente americano appoggiandosi allo stipite dell'ascensore. Quando la sera gli chiesi lumi su quel confronto scoprii che avevano parlato in spagnolo e che quel «bilaterale» informale aveva schiuso le porte del club dei Paesi più industrializzati del mondo all'Italia. Aveva funzionato l'alchimia tra un ruvido cowboy e un irruente garibaldino, l'incontro tra due personalità forti che, pur provenendo da storie e formazioni diverse, erano riuscite a capirsi e a collaborare.

Un'intesa basata sulla stessa franchezza di linguaggio e su una grande stima reciproca, che non venne meno ma che anzi si cementò durante la crisi più acuta che l'Italia e gli Stati Uniti vissero dalla fine della Seconda guerra mondiale.

Anche su Sigonella si sono consumate letture interessate e di parte che hanno provato a distorcere, senza riuscirci, le ragioni di fondo che mossero l'agire di Craxi. Sigonella, invece, è rimasta nella memoria collettiva come il più alto episodio di difesa della sovranità nazionale, forse l'ultimo capitolo del nostro Risorgimento.

Tutto accadde tra il 7 e il 12 ottobre del 1985. Quando un commando di terroristi palestinesi sequestrò la nave da crociera *Achille Lauro* al largo delle coste egiziane, la prima preoccupazione del presidente del Consiglio Craxi fu quella di garantire l'incolumità delle oltre quattrocento persone, fra passeggeri e membri dell'equipaggio, che in quel momento si trovavano a bordo. Fin da subito, Craxi si orientò su un approccio che escludeva l'intervento militare in assenza di azioni violente nei confronti dei passeggeri tenuti in ostaggio, e insieme al suo ministro degli Esteri Andreotti iniziò a tessere una fitta rete diplomatica coinvolgendo fra gli altri il presidente egiziano Hosni Mubarak e il leader dell'Organizzazione per la Liberazione della Palestina, Yasser Arafat. Il commando che aveva assaltato la nave italiana apparteneva a un gruppo radicale che all'interno dell'Olp si opponeva alla linea di Arafat, convinto proprio da Craxi dell'inefficacia della lotta armata e dell'utilità di percorrere la strada negoziale per portare avanti le istanze del popolo palestinese. Solo in un secondo momento, dopo che i dirottatori si erano consegnati alle autorità egiziane, emerse la notizia dell'orribile assassinio di Leon Klinghoffer, un cittadino ebreo-americano disabile ucciso e gettato in mare. Le carte d'archivio, sia quelle di provenienza statunitense sia quelle italiane, testimoniano che del tragico destino di Klinghoffer Bettino Craxi sia venuto a conoscenza soltanto più tardi, e dopo che un primo contatto radio con il comandante dell'*Achille Lauro*, Gerardo De Rosa, che aveva escluso qualsiasi nocumento alle persone. A quel punto, però, scattò l'azione americana: il presidente Ronald Reagan reclamò la consegna dei quattro terroristi e dei mediatori inviati da Arafat perché fossero processati sull'altra sponda dell'Atlantico, si arrivò al braccio di ferro nella base Nato di Sigonella, dove venne sfiorato perfino lo scontro armato tra gli avieri italiani, i militari statunitensi della Delta Force e i carabinieri. Craxi agì con determinazione per assicurare i terroristi alla giustizia italiana, che li condannò per l'atroce delitto che avevano commesso. Il presidente del Consiglio seguì la bussola della legge italiana e del diritto internazionale: il reato era stato commesso su nave italiana e la competenza a giudicare spettava alla magistratura del nostro Paese. Ma Craxi era certamente mosso anche da una sete di giustizia, quel crimine non poteva e non doveva restare impunito. E così fu: i responsabili del dirottamento e dell'assassinio furono processati e condannati.

C'è un episodio che mi piace ricordare, perché anche

questo è indicativo della forza morale di Bettino e della sua determinazione dettata da convinzioni profonde: nella fase più acuta della crisi, Craxi tornò in albergo a tarda sera per riposare e lasciò detto a Marcello, il centralinista della grande famiglia del Raphael, che non voleva essere disturbato per nessuna ragione. Fu lo stesso Marcello a raccontarmelo. A notte fonda squillò il telefono, dall'altra parte c'era Michael Ledeen, un personaggio ieratico, non è mai stato chiaro per chi lavorasse. La Cia? Il Mossad? Oppure per entrambi? Si racconta che fu proprio lui a organizzare alcuni viaggi negli Usa del sostituto procuratore Di Pietro. Di certo, a Washington egli aveva una grande influenza, tant'è che stava cercando Craxi per passargli Reagan. Al rifiuto di Marcello di svegliare il capo del governo italiano, Ledeen cominciò a sbraitare minacciando di far intervenire i carabinieri, sicché a quel punto il centralinista dell'albergo, indeciso se disattendere gli ordini di Craxi o dispiacere al presidente degli Stati Uniti, si risolse a passarglielo. A Marcello che annunciava la presenza di Reagan al telefono, Craxi obiettò: «Ma cosa vuole?» Per lui, infatti, la questione era risolta, gli americani non dovevano impicciarsi per un reato su cui era titolata a intervenire la magistratura italiana.

Sono stata e sono molto orgogliosa di come mio padre gestì quella crisi, difendendo le ragioni dell'Italia. A noi figli ha passato l'esempio di un amore di patria che ci è rimasto. Era fatto così, se credeva fermamente in un principio, poteva naturalmente commettere degli errori, ma lo difendeva fino in fondo senza ascoltare ragioni e senza mai usare il metro dell'opportunità. C'è da chiedersi quanti al suo posto avrebbero fatto lo stesso, perché ci fu da gestire una situazione complessa e da tenere duro di fronte alla grande pressione di un alleato importante. Lui, però, nei momenti difficili mostrava la sua tempra da combattente.

Un altro episodio impresso nella mia memoria è quello dell'insediamento di Raúl Alfonsín, primo presidente democratico dell'Argentina dopo la dittatura. Come ho scritto, Craxi aveva sostenuto la lotta del popolo argentino contro i generali e per questo fu l'unico leader europeo a essere invitato all'evento. Il tributo che gli venne riservato fu emozionante, con interi quartieri di Buenos Aires addobbati a festa, dove sventolavano migliaia di bandiere italiane. La sera mio padre andò a dormire e il resto della delegazione, a cui mi accodai, capeggiata da Claudio Martelli, fece l'alba tra i vicoli e le strade di una Buenos Aires che celebrava la libertà ritrovata.

Ho poi partecipato anche al «famoso» viaggio in Cina del novembre 1986. Per intenderci, è quello assurto alle cronache per la battuta luciferina di Andreotti che, all'allora cronista dell'Ansa Pio Mastrobuoni che gli chiedeva un commento, disse: «Siamo qui con Craxi e i suoi cari». Fu una sortita che bollò per sempre quella che era una missione istituzionale di prim'ordine, alla quale partecipava una delegazione di altissimo livello composta non solo da membri dei governi e funzionari apicali, in taluni casi accompagnati dalle consorti come il protocollo richiedeva, ma anche da altre personalità di primo piano che avevano obiettivi ben precisi. Basti pensare che oltre ai direttori generali dei vari dicasteri, c'era il presidente della Bnl, Nerio Nesi, che doveva chiudere un'importante intesa, il sovrintendente della Scala, Carlo Maria Badini, che portò poi la prima trionfale tournée in Cina, il sindaco di Venezia, Nereo Laroni, che doveva stringere accordi turistici, e l'allora commissario europeo Carlo Ripa di Meana – accompagnato da Marina – a sottolineare la dimensione comunitaria, visto che solo l'anno prima, al Consiglio europeo di Milano, grazie proprio alla determinazione di Craxi, aveva preso il largo il processo di integrazione.

Certo, alcuni erano amici di Craxi, compagni di partito. Ma se la sua e la nostra vita non conoscevano il confine tra pubblico e privato, ammesso che esistesse il secondo, e se tutto si mischiava, qual era la sua colpa?

Eppure, la battuta di Andreotti, a cui si unì poi anche l'altrettanto celebre e diffamatoria barzelletta di un certo Beppe Grillo sui socialisti che vedeva protagonisti Craxi e Martelli, cancellò tutta la valenza di un viaggio strategico in un frangente in cui la Cina, dopo le riforme economiche avviate nel 1978 da Deng Xiaoping, stava progressivamente integrandosi nell'economia di mercato globale. Le ragioni di una missione che consolidava il ruolo dell'Italia nel mondo, il suo ruolo di leadership in Europa, specie dopo il vertice di Tokyo del mese di maggio, durante il quale Craxi sventò con l'aiuto di Reagan il tentativo di relegare l'Italia in una specie di serie B del G7, furono sopraffatte dal presunto folclore e dalla vulgata denigratoria di certa stampa nostrana.

Per carità, ci furono sicuramente momenti «esilaranti». Penso a quando Marina Ripa di Meana nascose i suoi gioelli nella pattumiera e un inserviente inconsapevole li buttò via, dando luogo a una sua reazione che, onestamente, ci imbarazzò non poco. Ma il successo di quel viaggio fu strepitoso e portò a risultati concreti, tangibili per il nostro Paese.

Al di là dei dati politici, ricordo un'altra piccola, grande, conquista di mio padre, pressoché sconosciuta. L'estate precedente al viaggio eravamo come sempre in vacanza ad Hammamet e ci raggiunse per trascorrere qualche giorno insieme Adriana Asti: era accompagnata da Bernardo Bertolucci, ancora oggi l'unico italiano ad aver vinto un premio Oscar alla regia, con il quale mio padre instaurò subito un rapporto di grande cordialità e sintonia. Fu in quei giorni che Bertolucci gli raccontò del suo prossimo lavoro cinematografico e della sua volontà di girare alcune scene in un luogo straordinario. Era impegnato nella preparazione de *L'Ultimo Imperatore*, e chiese a Craxi di perorare la sua causa per ottenere il permesso, dalle intransigenti autorità di Pechino, di girare nella Città proibita. Così fu. Nel viaggio in Cina, Craxi avanzò con forza e determinazione anche questa richiesta, che regalò al mondo uno dei capolavori più significativi del cinema italiano premiato con ben nove statuette alla notte degli Oscar.

Di quel viaggio ebbi poi a parlarne negli anni immediatamente successivi alla morte di mio padre anche con lo stesso Andreotti. Ricordo il suo sorriso, poi subito avvolto da un velo di amarezza. Colsi in lui un sincero dispiacere per quella sortita che egli stesso considerava enfatizzata oltremodo, molto più di quanto potesse immaginare. In quella circostanza mi rammentò anche il suo lavoro diplomatico per una visita ufficiale in India, proprio di ritorno dalla Cina. Le autorità indiane sollecitavano da tempo la nostra Farnesina per una visita istituzionale di alto livello.

Eppure, per la stampa italiana, Craxi fece tappa a Nuova Delhi, mentre il resto della delegazione rientrava a Roma, solo per fare visita al fratello, mio zio Antonio, divenuto in quegli anni un seguace di Sai Baba, e non per incontrare Ratna Gandhi.

Si sa, la menzogna dilaga con grande facilità. Ma, nonostante tutto, resto convinta che la verità ha la sua forza e con il tempo, anche se necessita di aiuti, ha sempre la meglio.

Le stesse menzogne, e una campagna violenta, non hanno poi risparmiato nemmeno Andreotti, con cui mi sono incrociata molte altre volte. Lo avevo conosciuto, ovviamente, in questi lunghi viaggi in giro per il mondo. Lo ricordo sull'aereo, immobile come una sfinge, sempre intento a leggere documenti, carte, a scrivere appunti e quant'altro. Parlava pochissimo, ma denotava una capacità di lavoro straordinaria. Era sempre cordiale ma, almeno con me, non faceva trasparire interesse e, specie a una giovane degli anni Ottanta, poteva apparire molto più glaciale di quello che effettivamente era. Eppure, sia nei momenti di difficoltà, quando provai vanamente a salvare la vita di mio padre, sia dopo la sua morte, ho avuto in lui un interlocutore schietto e sincero, benché spesso inerme e impotente, segnato com'era dalle vicende che lo riguardavano. Fu lui, per esempio, a propormi un passaporto diplomatico dell'Ordine di Malta, quando provavo a farlo rientrare in Italia per curarsi, che mi valse un rimprovero da parte di mio padre che mi disse: «Io sono italiano, non voglio due passaporti». E, sempre lui, fu il primo che con coraggio non esitò un attimo a venire a inaugurare una mostra semiclandestina con le litografie di Craxi, dal titolo *Bugiardi ed Extraterrestri*. Il suo proverbiale umorismo, il suo acume, coglieva in quei ritratti di alcuni protagonisti della vita politica della Prima repubblica gli elementi di verità, di menzogna e di codardia che avevano segnato in modo infame il destino di una classe dirigente.

Con Andreotti ho poi parlato anche del suo rapporto con mio padre: due personalità diversissime per storia, formazione e provenienza che si erano più scontrate che incontrate, salvo la parentesi dei comuni anni di governo. Mi confessò che lavorare con Bettino non era facile, avendo caratteri e metodi completamente opposti. Mi disse: «Io sono sostanzialmente un burocrate. Se volevi che Craxi leggesse un appunto, questo non doveva andare oltre una pagina. Però aveva la grande virtù e la grande capacità, che gli invidio, di individuare il centro dei problemi e di saper poi trasmettere quelle che erano le sue posizioni». Ho parlato con Andreotti di molte altre vicende, anche assai spinose. Ma alcune cose le tengo per me.

Poi c'erano, certo, anche i viaggi di piacere e le poche volte che riuscivamo a evitare il *buen retiro* di Hammamet che era sempre e comunque la meta preferita, mio padre, complice anche la presenza di alcuni amici che vivevano lì, puntava verso l'Africa. Si tratta di un amore che mi ha trasmesso: gli orizzonti infiniti, i cieli stellati, quel richiamo ancestrale. Certo, paesaggi bellissimi ma anche Paesi ricchi di contraddizioni, risorse naturali immense sfruttate da pochi o da potenze straniere, e povertà diffusa. Ritorna, quel divario tra Nord e Sud del mondo in cima ai pensieri e all'agenda internazionale di Craxi.

Una volta tanto vorrei raccontare un aneddoto, dove non c'entra la politica ma il mio amore per la natura, per i cavalli, un certo spirito avventuroso, certamente ereditato, e l'avventatezza dei miei diciassette anni. Ci trovavamo a Laikipia, un altopiano nel bel mezzo del Kenya, ospiti di una coppia di personaggi veramente notevoli, Paolo Gallmann e sua moglie Kuki.

Lui aveva messo in piedi una grande fattoria in quel luogo sperduto e magico intraprendendo una battaglia contro il bracconaggio, e lei, una bella donna veneta, aveva lasciato tutto per seguirlo.

La loro vita, costellata di tragedie, divenne poi un film hollywoodiano, tratto dal libro di lei, intitolato *Sognando l'Africa* e interpretato da Kim Basinger, Vincent Pérez e Daniel Craig. Con i Gallmann c'era la figlia quindicenne di un primo matrimonio di Paolo, anche lei amante dei cavalli, che nella fattoria, dove tra l'altro si allevavano mucche, non mancavano. Tra me e lei, due adolescenti quasi coetanee, si creò da subito un'alleanza quasi naturale. Così, una sera progettammo quella che doveva essere una bella avventura senza conseguenze all'insaputa dei grandi. Alle cinque della mattina sellammo due cavalli, con l'intento di rientrare non più tardi delle nove, per non farci scoprire ed essere puntuali per la prima colazione e per evitare le ore del caldo africano. Tuttavia, arrivata l'ora di rientrare, ci accorgemmo di esserci perse e per di più nella savana africana, con il rischio di incontrare qualche belva. Il panico non giunse subito, concentrate come eravamo a ritrovare la strada di casa senza inoltrarci nel bush. A un certo punto, la mia compagna di avventura scese a terra per vedere se trovava qualche traccia che ci avrebbe permesso il rientro, ma nel farlo lasciò le briglie del cavallo che scappò via al galoppo. Eravamo sole, con il caldo che aumentava e un solo cavallo sul quale montammo in due. Il fuggiasco tagliò per gli alberi della savana e arrivò a casa, innescando l'allarme. Ci trovarono a mezzogiorno i guardiani della proprietà con una Jeep e schivammo una gran lavata di capo perché la paura dei nostri genitori e il sollievo di rivederci vive sovrastò l'arrabbiatura per un'imprudenza che avrebbe potuto trasformarsi in tragedia.

Il risultato è stato che l'Africa mi è entrata nell'anima.

Un'altra volta seguii mio padre durante un viaggio in Cambogia, dove i guerriglieri khmer rossi avevano fatto scappare migliaia di rifugiati; atterrammo con un elicottero militare al confine dove erano ammassate le tende dei campi profughi, e dove si sentivano i colpi dei mortai. Ricordo ancora la scena di un esodo che pareva biblico, quell'umanità dolente, e la commozione di mio padre, l'attenzione verso quei bambini spaventati che gli veniva dal cuore.

Una menzione particolare la merita Parigi. Bettino amava quella città, con i suoi boulevard, i suoi cafè, così aperta al mondo, e al contempo così ricca di storia. Credo che sotto sotto avesse un po' di invidia per il senso di grandeur e per l'amor di patria dei francesi. Ci ha portato a Parigi sin da bambini e ci siamo tornati spesso. Oggi che mio marito lavora lì, mi capita di tornarci, e ogni volta quanti ricordi...

Ci sentivamo liberi! Il divertimento preferito era prendere la metro, che in quella città arriva proprio ovunque.

Poi la Tour Eiffel, le passeggiate a Montmartre, gli Champs-Élysées, dove la prima cosa che facevamo era andare al Drugstore, aperto fino a notte fonda, per comprare l'ultimo numero di Asterix che in Italia non era ancora uscito tradotto. Spesso, poi, la domenica mattina si andava al Marché aux Puces, e lì era una vera goduria spulciare, appunto, nei vari negozietti, cimeli militari e storici, ma anche vestiti usati e vecchie cartoline. Ancora oggi, quando posso, ci torno.

Craxi preferiva Parigi anche per incontri internazionali che voleva rimanessero riservati. Ricordo poi Mitterrand, ieratico, umanamente credo non si prendessero, anche se all'interno dell'Internazionale socialista avevano spesso collaborato e consideravano i loro partiti fratelli. Avevano sostenuto insieme anche alcune cause di libertà, non tutte però: Mitterrand chiudeva le porte dell'Eliseo a coloro che a Est non fossero in odore di ortodossia. Credo che anche non poter più vedere Parigi lo abbia fatto soffrire, così come vedersi chiudere le porte dai socialisti francesi. Quando Mitterrand era già molto malato, inviò a Bettino una lettera di solidarietà, oggi conservata dalla Fondazione Craxi.

Per il resto, ho conosciuto, certo di sfuggita, quasi tutti i leader europei. Al Consiglio europeo di Milano, nel giugno 1985, alla cena di gala c'erano Helmut Kohl, il già citato Mitterrand e Margaret Thatcher, la cui resistenza Craxi piegò facendo votare a maggioranza e dando vita all'Atto unico europeo: gli inglesi sono sempre stati degli europeisti riluttanti.

Ho avuto occasione di vedere più da vicino Mário Soares, presidente del Portogallo, e il leader spagnolo Felipe

González. Entrambi socialisti, entrambi sostenuti da Craxi nelle lotte per la democrazia nei rispettivi Paesi, entrambi aiutati a far entrare i loro Stati in Europa. Ma mentre Soares, sfidando l'opinione pubblica, venne a trovarlo in esilio mostrando riconoscenza per la mano tesa nei momenti difficili, González invece dimenticò di rispondere ai numerosi inviti che dopo la morte di mio padre gli ho fatto affinché fosse un testimone della storia. Decisamente più simpatica la moglie Carmen, da cui poi si separò, una spagnola *caliente* che amava cantare.

Craxi era morto quando andai a trovare Soares a Lisbona; mi ricevette nella sua fondazione, mostrando sentimenti di sincera amicizia per mio padre e di vicinanza fraterna al mio dolore.

Poi ricordo Jiří Pelikán, un esule cecoslovacco tra i promotori della primavera di Praga, già direttore della televisione di Stato nel suo Paese, che venne a cercare aiuto e sostegno per sé e per i suoi compagni in Italia. Era stato condannato all'esilio e voleva continuare a battersi per la libertà del suo popolo: da comunista, aveva prima bussato alla porta di via delle Botteghe Oscure, ma gli era stata chiusa in faccia. Poi andò da Craxi, che non solo lo accolse ma lo fece eleggere deputato al Parlamento europeo tra le file socialiste. Alla sua morte, la Fondazione Craxi ne pubblicò la biografia.

Insomma, in tutti quei viaggi e in quegli incontri, accanto a mio padre ho sentito sfiorarmi il respiro lungo della Storia. Sarà per questo che oggi il fiato corto della cronaca non riesce ad appassionarmi.

8

Venti di guerra (1987-1991)

Nel 1987, qualche mese dopo la conclusione dell'esperienza di governo di mio padre, divento mamma per la prima volta. Questa nuova dimensione, che mi fece scoprire quanto l'amore per i figli possa essere totalizzante, mi assorbì completamente e richiese da subito una diversa e non semplice organizzazione del tempo e della vita, specie con un lavoro, come quello della produzione televisiva, che in determinati periodi mi portava per lungo tempo lontano da casa e mi obbligava a portare con me Federico. Non è facile conciliare i ritmi di un set con i tempi e le necessità di un bambino, tantopiù se scopri inaspettatamente di essere a tratti una «mamma chioccia», con un innato istinto di protezione che, nel mio caso, era anche una (in)naturale pretesa di normalità. Infatti, alla nascita di Federico, l'attenzione e la pressione mediatica sulla nostra famiglia era molto forte. Ricordo che la notizia apparve su tutti i giornali e l'ospedale venne invaso da fiori e messaggi d'auguri: amici, compagni di partito, semplici conoscenti e anche qualche sconosciuto, non mancarono di farci giungere le loro felicitazioni per il lieto evento.

Una situazione ben diversa da quando, cinque anni dopo, è nata la mia figlia minore, Benedetta. Era il giugno del '93 e infuriava la bufera. Mio padre non era più segretario del Psi da febbraio, aveva tenuto i suoi due celebri discorsi-verità in Parlamento, si era consumata l'infamia delle monetine e il suo destino sembrava ai più, per non dire a tutti, ormai segnato. Risultato: tranne pochi e veri amici e qualche compagno, nessuno si fece sentire. Pur nell'isolamento che percepivamo, nel clima di assedio che caratterizzava quei terribili anni, pur nel dolore per la sofferenza che iniziavo ad avvertire in mio padre, ricordo di aver preferito quel clima austero e raccolto a quello che respiravo nei giorni della nascita di Federico.

A ogni modo, già pochi mesi dopo la sua nascita, il mio primo matrimonio scricchiolava fragorosamente e da lì a poco, come ho avuto modo di raccontare, iniziò la mia storia d'amore con Marco, l'uomo della mia vita con il quale nel '91 avemmo la nostra prima figlia, Anita. Smisi temporaneamente di lavorare per dedicarmi ai bambini e, insieme, decidemmo di andare a vivere fuori Milano, in campagna, in un paesino vicino al lago di Alserio in provincia di Como, Anzano del Parco, dove siamo restati fino alla nascita di Benedetta. È da quel luogo, vicino ma al contempo riparato dal fragore della città, che abbiamo assistito all'abbattersi della tempesta giudiziaria e in cui si sono consumati gli ultimi momenti di apparente normalità e spensieratezza della nostra famiglia. Scavando nella memoria, credo che l'ultima occasione fu il battesimo dei miei figli.

Quando nacque Benedetta, infatti, non avevano ancora ricevuto il primo sacramento né Federico né Anita. Non c'era a monte una scelta pregiudiziale né un particolare convincimento in un senso o in un altro. Ero stata investita prima dalle mie vicende lavorative e familiari e poi dalle traversie più «politiche» e, non essendo una cattolica praticante, non ci avevo semplicemente messo la testa, nonostante mio padre, il laico e garibaldino Craxi con un profondo senso religioso della vita, tornava periodicamente alla carica ripetendomi che in un Paese cattolico i figli andavano battezzati. Capii che anche i miei suoceri e mia madre ci tenevano particolarmente e decisi quindi di battezzare tutti insieme i bambini. Mi recai dal parroco di Anzano del Parco che, di primo acchito, disse subito di non avermi mai visto in chiesa per poi proseguire con un fuoco di fila di domande che mi misero non poco in difficoltà. Mi chiese se fossi cattolica, se praticassi, se lo fossero i miei genitori, mio marito, e via dicendo. Quando all'ennesima domanda risposi che non eravamo sposati, e che per giunta ero separata, lo vidi rabbuiarsi e, nell'imbarazzo, non sapendo cos'altro aggiungere a mia difesa, dissi a mezza bocca: «Sa, mio padre ha firmato il Concordato con il cardinale Casaroli», sperando che questo argomento potesse in qualche modo indurlo a una qualche forma di clemenza. Era un parroco di campagna dalla voce forte, a tratti severa, i cui occhi brillavano per acume e intelligenza, che nella sua lunga esperienza ne aveva probabilmente viste tante. Tutte circostanze che probabilmente, lo dico con un sorriso, lo portarono a essere benevolo nei miei confronti, accettando così di battezzare senza altre discussioni quei tre bambini, i cui genitori non erano con tutta evidenza osservanti rigorosi dei precetti della Chiesa cattolica.

La domenica seguente a questo episodio che ricordo sempre con un mix di ilarità e un pizzico di vergona, ci presentammo tutti in chiesa: mio padre, mia madre, i miei suoceri, io, Marco, i bambini e un gruppetto di amici per quella che fu una bella e semplice festa in campagna, l'ultima apparentemente tranquilla.

I venti di guerra, infatti, soffiavano da tempo e non solo sul fronte politico interno e internazionale, con il mondo e l'Europa ai quali veniva ricordata la cruenta natura dei conflitti armati con le vicende del Golfo persico e dei Balcani, ma anche all'interno della nostra famiglia. Erano le condizioni di salute di mio padre che iniziavano a destare in noi non poche preoccupazioni.

Già nel 1990 Craxi era stato ricoverato per una crisi diabetica. Era in piena campagna elettorale per le amministrative e, nonostante da giorni non stesse un granché bene, continuava i suoi appuntamenti imperterrito e incurante delle indicazioni dei medici, che gli consigliavano vanamente di riposarsi e di tenere sotto controllo il diabete. Nulla di più difficile! Ricordo solo che, su insistenza di noi tutti, aveva fatto degli esami clinici i cui risultati ci arrivarono una domenica, mentre lui stava facendo il bagno in piscina da suo fratello Antonio, che abitava in una bella casa fuori Magenta dove spesso andavamo a trascorre le domeniche in famiglia. Eravamo lì quando i medici chiamarono allarmati, perché i valori delle analisi indicavano il rischio di coma diabetico, circostanza che impose il ricovero d'urgenza al San Raffaele.

Inizia in questo modo il duello tra Craxi e la sua malattia, che pur aveva dato piccole ma inascoltate avvisaglie negli anni precedenti; anni di grande fatica, segnati prima dall'impegno a Palazzo Chigi e poi da lunghi e continui viaggi in giro per il mondo per conto dell'Onu. Un rapporto conflittuale, con un paziente insofferente e incurante, intento a pensare solo e soltanto alla politica, la cui malattia non offuscherà mai la sua capacità di analisi e di giudizio, né negli anni di Tangentopoli né tantomeno in quelli dell'esilio. E, francamente, mi sorprende quando il suo stato di salute viene utilizzato come argomentazione per sostenere, come hanno fatto anche alcuni dei suoi più stretti collaboratori, la tesi di un Craxi poco lucido dopo il 1990. Un falso che serve a giustificare non i suoi errori ma i loro, ad affermare «io l'avevo detto, ma lui...», e tutta una serie di perplessità, che francamente non ricordo mai di aver sentito avanzare da nessuno, né in sua presenza né in altra sede.

La verità è che dopo la conclusione dell'esame di governo, superato a pieni voti, qualcosa nel partito iniziava progressivamente a cambiare. La vulgata postuma ha dipinto un Craxi ostinato, arroccato in un «accordo di potere» con la Dc, mosso dal solo proposito di ritornare a Palazzo Chigi. Una lettura distorta, faziosa, che non tiene conto delle dinamiche internazionali del tempo, ancora profondamente influenzate dalla Guerra Fredda e dalla divisione del mondo in blocchi contrapposti. La verità è che in quel contesto geopolitico, Craxi ha garantito la governabilità del sistema, alla quale non vi erano alternative fuori da una logica di collaborazione con la Dc, stante la *conventio ad excludendum* nei confronti di un Pci che forniva, comunque, ben poche garanzie di affidabilità «socialdemocratica». A questo addebito si sono poi aggiunte ulteriori argomentazioni, tra le quali quella che chiama in causa, per esempio, l'errore «strategico» di non aver provocato la fine anticipata della legislatura nel 1991. Anche su questo punto sono fiorite leggende, letture parziali e revisionismi di comodo, ma pure qui le cose sono più semplici di quanto non appaiano. Craxi scelse in quel frangente di non danneggiare i comunisti, perché il voto anticipato li avrebbe colti nel pieno del processo di trasformazione avviata da Occhetto nel novembre 1989. Furono proprio D'Alema e Veltroni a pregare Bettino di non porre ostacoli sul terreno politico, e il leader socialista acconsentì alla loro richiesta, nell'illusione che un ordinato sbocco politico in casa comunista avrebbe reso concreta la prospettiva dell'unità a sinistra. Per non parlare poi delle fibrillazioni all'interno dello stesso Psi. Ricordo bene che iniziava a formarsi nel partito, specie dopo il Congresso all'Ansaldo di Milano, un clima che mirava a indebolire il segretario. Per inciso, parliamo delle figure che alle prime avvisaglie di Tangentopoli volevano «ridare onore ai socialisti».

Quando mi capitava di incrociare, ormai sempre più raramente, i compagni delle federazioni o gli amici della giovanile, mi accorgevo che qualcosa non andava. Circolavano voci di ex fedelissimi di Craxi, si mormorava addirittura che colui che veniva definito il suo delfino, Claudio Martelli, si stesse organizzando per mettersi in proprio. C'erano riunioni carbonare, strani movimenti intorno ai congressi e alle tessere, personaggi arrembanti mai visti prima, in un contesto in cui mio padre, in viaggio all'estero, aveva sempre meno tempo per occuparsi del partito la cui gestione era delegata in toto a Giuliano Amato. Presi così il coraggio a due mani e, in più occasioni, provai ad affrontare l'argomento con mio padre riferendogli non solo le tante voci che, inizialmente in modo causale e poi con maggiore puntualità, avevo raccolto e che mi destavano più di una perplessità, ma anche per parlargli dei «nuovi arrivati», che mi sembravano meno attratti dall'eresia riformista e più da altro. Conoscevo la sua propensione, la sua ingenuità, che spesso lo portava a dare fiducia anche a chi non la meritava, e provai a metterlo in guardia. La discussione, fino ai primi e concreti indizi, finiva sempre con me che passavo per quella che vede ombre e fantasmi ovunque, se non quando si concludeva con una sua intemerata: come osavo prendermela con quelli che lui definiva «amici miei»? Purtroppo, non si era accorto di cosa sarebbe maturato nello spazio di pochi anni nel partito e non solo. Ancora una volta non ero riuscita a farmi ascoltare e, dopo alcuni tentativi, mi ritirai in buon ordine nel mio mondo che, tra lavoro e figli, lasciava già ben poco tempo.

Lo spartiacque di quella stagione della storia resta il novembre del 1989. Il crollo del Muro di Berlino, oltre al significato più ampio, al grande vento di speranza che sembrava aprirci al migliore dei mondi possibili, rappresentava per tutti noi, per la mia famiglia e la nostra comunità, specie per gli autonomisti, non solo la sconfitta storica del comunismo di matrice sovietica, ma anche la vittoria di un'intera generazione che da Budapest, passando per Praga e dai difficili anni della subalternità al Pci, aveva mantenuto salda la bussola verso l'Occidente, verso i valori di democrazia e di libertà. Era una vittoria di mio padre, non tanto per le dinamiche correlate alla politica interna – certo, anche quelle – ma per il ruolo che in questa pagina della storia aveva avuto negli ultimi tre lustri sul piano internazionale. Non è un giudizio di parte, di una figlia, ma un dato oggettivo. Parlando, anche in famiglia, rivendicava la scelta contrastata di installare i missili Pershing e Cruise come risposta agli SS20 sovietici, mentre, nelle piazze italiane fiorivano le marce della Pace che si scoprì fossero finanziate da Mosca. Ricordo il riconoscimento tributatogli dall'ex segretario alla Difesa statunitense, Caspar Weinberger, che lo ringraziò pubblicamente a Washington per il ruolo svolto nella fine della Guerra Fredda. Ad Hammamet, poco prima della sua scomparsa, ricordo che seppe che un membro dell'apparato sovietico, Eduard Shevardnadze, nel fare un riassunto degli avvenimenti di quegli anni, tributava alle scelte di Craxi un ruolo cruciale nella soluzione del conflitto tra Est e Ovest. Parlava, invece, molto meno dell'aiuto finanziario che aveva dato ai dissidenti dell'Est, Solidarność in testa. Era questo suo anticomunismo della ragione l'aspetto che più lo legava a un grande uomo del Novecento, Giovanni Paolo II, che consentì il cementarsi di un rapporto diretto e profondo tra i due.

Per tutti gli anni successivi al crollo del Muro, prima in Tunisia e poi in Italia, mio padre ha sempre tenuto in bella vista, in casa, i ciottoli che raccolse a Berlino il giorno seguente ai fatti e che custodisco gelosamente. Rimbomba ancora nelle mie orecchie la sua voce al telefono da Berlino, dove volle recarsi di corsa il giorno dopo. Mi raccontarono che volle farsi fotografare con alle spalle quel Muro squarciato dalla voglia di libertà, che aveva diviso famiglie, vite, e su cui molte persone avevano visto infrangere sogni, speranze se non la stessa vita. È uno scatto, che ispirò un analogo dipinto che gli piaceva molto (oggi custodito dalla Fondazione), che segna la fine di un'epoca. Un'immagine di felicità che non cancella, neanche in quel frangente, l'inquietudine di Craxi per quel che sarebbe stato dell'ordine mondiale, pur convinto com'era dell'ineluttabilità dei processi storici.

Gli stessi processi che avrebbero dovuto riguardare la sinistra italiana. Infatti, dopo il 1989, Craxi pensava che i comunisti sarebbero approdati sulla sponda socialdemocratica e coltivava sinceramente l'ambizione di rimarginare la frattura di Livorno. Certo, sapeva di rappresentare la sinistra che aveva retto al confronto con la Storia e per questo intendeva guidare il processo verso la giusta prospettiva e direzione. Non c'erano più motivi geopolitici che giustificassero delle divisioni, anzi fu proprio Craxi a lanciare per primo la parola d'ordine dell'unità socialista, inserendone la dicitura addirittura nel simbolo del Psi. Era un invito a superare le incomprensioni del passato, che i comunisti rispedirono al mittente e, anzi, giudicarono in termini meschini, quasi fosse un tentativo di annessione. No, Craxi, figlio del Novecento, era mosso da un proposito nobile, ovvero costruire le condizioni per un'alternativa di sinistra in Italia che consentisse di sbloccare finalmente il sistema politico imperniato sull'egemonia democristiana e consegnare al Paese una democrazia compiuta e governante. Quando i comunisti, dopo la «svolta della Bolognina», decisero di intraprendere un percorso di rinnovamento, egli guardò a quel processo con fiducia e speranza, salvo poi mostrare delusione davanti al nome scelto da Occhetto e compagni: «Sentirsi socialisti» disse Bettino «ma con la vergogna di chiamarsi socialisti, preferendo chiamarsi semplicemente "democratici", non può non suscitare una qualche perplessità in chi lo ascolta». Eppure, Craxi tentò fino alla fine di tenere aperta la porta del dialogo, anzi fu proprio lui, da vicepresidente, a pronunciare il discorso decisivo che consentì l'ingresso del Pds nell'Internazionale socialista: i comunisti gli avevano garantito che in quel modo sarebbe stato possibile lavorare a una prospettiva di ricomposizione unitaria a sinistra, ma si trattava di una bugia, una delle tante, perché in realtà stavano già ragionando su un accordo con i democristiani, in particolare con la corrente demitiana, per scalzare il Psi dall'area di governo. «Eravamo come una grande Nazione indiana chiusa fra le montagne» ha confessato Massimo D'Alema «con una sola via d'uscita, un canyon, e lì c'era Craxi, con la sua proposta di unità socialista, che aveva un indubbio vantaggio su di noi: era il capo dei socialisti in un Paese europeo occidentale. Quindi era lui che rappresentava la sinistra giusta per l'Italia, solo che poi aveva lo svantaggio di essere Craxi. L'unità socialista era una grande idea, ma senza Craxi. Allora avevamo una sola scelta: diventare noi il Partito socialista in Italia». Parole chiarissime: alle Botteghe Oscure non interessava ricucire il rapporto a sinistra, si puntava solo alla distruzione violenta di Craxi e del Psi.

Rammento, ora che ne scrivo, un racconto colorito di come gli stessi figliocci di Berlinguer intendessero l'adesione all'Internazionale socialista. Me lo regalò una personalità della sinistra con la quale ho avuto un rapporto assai dialettico, Peppino Caldarola, a sua volta raccontatogli da Emanuele Macaluso, il quale gli riferì che nella direzione del neonato Pds un autorevole membro sintetizzò la posizione della segreteria sull'adesione all'Internazionale dicendo: «Dobbiamo andarci come si va a un bordello». L'Internazionale socialista veniva considerata un bordello e noi – questa era la chiosa di Macaluso – chiedevamo di entrare solo per redimere qualche puttana. Questo era lo spirito!

Sono parole che dimostrano, più di ogni fine analisi, la natura del confronto e la diversità delle due anime storiche della sinistra italiana. Eppure, oggi sento dire che, al tempo, tutti eravamo grossomodo uguali. Certo, entrambi ci nutrivamo di idee e valori, sapevamo creare il senso di comunità e, attraverso un percorso lungo e duro, con il giornaliero confronto con la realtà, sapevamo formare e selezionare la classe dirigente, consentendo a tanti figli di nessuno di allearsi e diventare padri di qualcuno. Ma non è affatto vero che le dinamiche interne, il grado di libertà fosse lo stesso. Il Partito comunista manteneva la sua struttura centralista con un'impostazione autoritaria interna che non lo rendeva libero come il Partito socialista. Forse è uno dei tanti motivi per cui non potevamo andare d'accordo.

C'è qualche vecchio comunista che, di tanto in tanto, seppur in contesti più intimi, ha voglia di raccontare pezzi di verità. Sempre in privato sia chiaro, mai in pubblico! Recentemente un importante giornalista nostrano, un mio caro amico, mi ha regalato la seguente testimonianza, frutto di una chiacchierata tra alcuni vecchi dirigenti comunisti a cui si è trovato a partecipare in un contesto conviviale. Uno di questi raccontò come nella riunione di direzione del Pci era finanche vietato prendere appunti e se qualcuno infrangeva il divieto questo era soggetto a sanzione. Ogni scritto prodotto veniva sequestrato, avevano la possibilità di rileggerli ma non di riprenderseli. Non stiamo parlando dell'Urss di Stalin, ma del Pci degli anni Ottanta! Di contro, quella socialista era una comunità libera, non irreggimentata, piena di irregolari, per questo spesso scombinata ma al contempo formidabile. Questo suo essere libera, questo suo aprirsi al mondo e alla società che cambiava, non gli ha risparmiato arrivisti e arrembanti che albergavano però anche altrove.

I venti di guerra che con il peso delle armi e delle bombe stavano cambiando ancora una volta la geografia di un pezzo di Europa, mentre ci apprestavamo a firmare Maastricht, non risparmiarono l'Italia che nel 1992, dopo il voto politico in cui si registra una tenuta complessiva del pentapartito che raggiunge oltre il 50% dei consensi, si trova a fronteggiare nel pieno di una crisi politica anch'essa le bombe. Capaci fu per tutti uno shock e lo fu soprattutto per noi socialisti che, grazie al lavoro di Claudio Martelli, avevamo trovato in Giovanni Falcone un punto di riferimento concreto della nostra azione di contrasto alla mafia.

In quei giorni, segnati dalla vicenda dell'elezione della presidenza della repubblica e dal derby democristiano tra Andreotti e Forlani, mio padre era a Roma e, non appena appresa la notizia, lo chiamai immediatamente da Ponza, dov'ero in vacanza con Marco. Aveva la voce stanca, provata, e dalle sue parole traspariva profondo sconcerto per quel barbaro attentato che oltre al giudice e a sua moglie, Francesca Morvillo, aveva portato alla morte gli agenti della scorta Vito Schifani, Rocco Dicillo e Antonio Montinaro.

Il giorno dopo, sempre per telefono, mi disse che stava

maturando la candidatura di Oscar Luigi Scalfaro come soluzione per superare l'impasse presidenziale. Mi raccontò che la sua candidatura, lanciata da Marco Pannella, lo stesso che lo aveva sponsorizzato anche per la presidenza della Camera, incontrava gli stessi favori di Forlani, che gliene parlò in un incontro riservato in modo molto positivo. Mio padre conservava allora un'eccellente opinione di Scalfaro e, con fare sbrigativo, mi disse: «Eleggiamo Scalfaro. È stato il mio ministro degli Interni. Con me sarà leale». Mal gliene incolse. Mi confessò successivamente che sulla sua decisione, oltre alla valutazione positiva dell'uomo e al pressing di Pannella, pesò l'indisponibilità del Pds che fin dall'elezione presidenziale, brigando anche con alcuni socialisti (mentre altri facevano i franchi tiratori per conto di Andreotti), si era reso indisponibile a eleggere dei candidati laici come Valiani o Spadolini oppure un socialista come Vassalli.

Riguardo a quei giorni, si interrogò poi in privato sul ruolo di Pannella, su quale fosse il suo interesse politico o chi fosse il suggeritore di alcune delle sue mosse. Lo fece anche e soprattutto quando, in piena crisi di sistema, non comprendendo perché, nonostante la sua stessa investitura a rivestire il ruolo di federatore dell'area laico, liberale e socialista, Pannella fece di tutto per non assumersi alcun ruolo e responsabilità, come se conoscesse in anticipo l'epilogo dell'intera vicenda. Io stessa in alcune occasioni ho provato a chiedere a Marco una ragione e qualche risposta ai tanti dubbi amletici che assalivano Craxi, ricordando pure la sua «latitanza» da Hammamet, anche quando la malattia stava avendo la meglio, e alcune battute di cattivo gusto che non risparmiò a mio padre negli anni tunisini. Non potevo sperare in un destino migliore di Craxi e non potevo pensare certo di avere la meglio su Pannella, nonostante la mia sfrontata richiesta. Nessuna risposta, discorso sviato, un manipolo di ricordi giovanili, un grande abbraccio e tanti saluti.

Mi sovviene alla memoria anche un altro episodio relativo a quella stagione. Iniziarono a circolare delle fantasiose ricostruzioni secondo le quali l'omicidio di Falcone fosse un ostacolo che la mafia gettava tra i piedi di una candidatura di Andreotti alla presidenza della repubblica e chiesi lumi a mio padre, il quale mi rispose con un'espressione diretta: «Cervellotiche cialtronerie». Ma, al netto di ciò, lo impressionava il legame che venne stabilito tra i due avvenimenti, la strage di Capaci e l'elezione del capo dello Stato, mentre successivamente si interrogò più volte se il teorema secondo cui la mano fosse italiana ma il cervello no, avesse un qualche fondamento e quale scopo si prefiggeva in tal caso di raggiungere. Si chiedeva anche, quale correlazione ci potesse essere tra questo sanguinario evento e la pista russa di Falcone e il viaggio a Mosca che non avrebbe mai fatto. Tante domande, poche risposte. L'unica certezza è che dopo Falcone fu la volta di Paolo Borsellino e poi seguirono gli attentati a Firenze, Roma e Milano ma non solo.

La legislatura 1992-1994 nasceva così all'insegna delle bombe e degli attentati di mafia e, destinata ad avere breve vita, proseguirà poi con i colpi ben mirati portati al sistema politico di governo con un'intensità crescente. La definirono una «rivoluzione pacifica». Eppure, si creò nel Paese un clima di guerra, con un'operazione ben organizzata, sostenuta e caratterizzata dal ricorso a un uso violento e arbitrario del potere giudiziario e della clava mediatica.

9

La fine della politica

Mio padre capì una volta per tutte che la politica da lui tanto amata e rispettata, alla quale aveva dedicato una vita intera, era scivolata in un altro mondo la sera del 27 marzo 1994, quando il centrodestra vinse le prime elezioni post Tangentopoli.

Eravamo ad Hammamet, e con l'insediamento della nuova legislatura Craxi avrebbe presto perduto l'immunità parlamentare. Era immobile, gli occhi fissi sullo schermo della televisione, seguiva i commenti e io ne percepii per intero lo stupore quando si delineò il trionfo di Forza Italia, il movimento fondato da Silvio Berlusconi che al battesimo elettorale, soltanto due mesi dopo il famoso discorso del 26 gennaio sulla «discesa in campo», aveva sbaragliato la «gioiosa macchina da guerra» del fronte progressista guidato da Occhetto, e con il 21% dei consensi si attestava come primo partito nazionale.

Per più di quarant'anni, Craxi aveva girato in lungo e in largo il territorio, incontrato e ascoltato dal vivo decine di migliaia di persone, cercando di cogliere la varietà e la verità dei contesti sociali attraverso l'impegno sul campo.

E si era abituato a guadagnare o perdere pochi punti percentuali, in una lotta davvero serrata con gli altri partiti di integrazione di massa.

Berlusconi, dopo il colpo di Stato della magistratura, aveva rivoluzionato l'intero quadro. Innanzitutto, i canoni del linguaggio e dello stile del confronto pubblico, che ora poggiavano, molto più che in passato, su un modello comunicativo attento ai codici del marketing e ai tempi rapidi della trasmissione visiva. Il Cavaliere si proponeva come l'uomo nuovo, il *self-made man*, l'imprenditore di successo che avrebbe guidato l'Italia come aveva fatto con le sue aziende, in luogo di quelli che chiamava «i professionisti della politica» che così male avevano operato per il Paese.

La sua vittoria, e la successiva ascesa al governo, alimentavano in noi la speranza che si potesse tornare sulla vicenda Tangentopoli per affrontarla finalmente in termini politici. Questo, però, non accadde. Berlusconi non riuscì a fare nulla, anzi, nel luglio del 1994, quando il suo primo esecutivo varò il decreto che portava il nome del Guardasigilli, un galantuomo liberale come Alfredo Biondi, ci fu una levata di scudi da parte del pool di Mani pulite che arrivò a minacciare il Parlamento. E quel provvedimento, bollato come «salva ladri», ma in realtà finalizzato a limitare la custodia cautelare in carcere a specifici casi, fu fatto decadere.

La politica, anche con quest'ultimo fallimento, smetteva di essere ciò che nel bene e nel male era stata nella Prima repubblica.

Craxi sperava di far emergere la verità attraverso una battaglia per l'appunto politica, ma fu vano il suo tentativo di convincere il Parlamento a istituire una Commissione d'inchiesta su Tangentopoli. Eppure lo riteneva un dovere verso le istituzioni e verso la democrazia repubblicana – scrisse in un appunto da Hammamet –, ma sapeva bene che l'argomento era «scomodo»: scomodo «perché nella sede parlamentare molte verità che sono state nascoste o manipolate possono venire alla luce sotto gli occhi di tutti»; scomodo «perché tanti personaggi della futura Seconda repubblica nel sistema di finanziamento della prima ci stavano dentro sino al collo in un ruolo o in un altro».

Negli anni Bettino continuò a lottare, arrendendosi di fatto solo alla fine, per la precisione il 23 ottobre del 1999, il giorno in cui Giulio Andreotti fu assolto a Palermo dall'accusa di associazione mafiosa. Ricordo lo stato d'animo di mio padre in quei momenti. Da un lato, era contento per Andreotti e per la sua famiglia, alla quale veniva restituito un minimo di serenità; dall'altro, però, maturava in lui la consapevolezza di essere ormai il solo capro espiatorio della storia repubblicana. Gli sentii dire: «Sono rimasto l'unico criminale nazionale». A quel punto la speranza cominciò ad arretrare e con lei anche le sue condizioni fisiche.

Tangentopoli fu un vero e proprio tsunami. Tutto accadde nello spazio di una manciata di mesi, e l'aggressione mediatico-giudiziaria fu di una rapidità e di una violenza inaudita. Nel biennio 1992-1994 vennero distrutti i cinque partiti storici che avevano fatto grande l'Italia, migliaia di dirigenti politici – socialisti, liberali, socialdemocratici, repubblicani e i democristiani non particolarmente vicini ai comunisti – persero l'onore, il lavoro, la famiglia, qualcuno perfino la vita. E parliamo di numeri impressionanti: ventiduemila avvisi di garanzia, quattromila persone in carcere, tremila processi, a fronte dei quali poche centinaia di condanne.

La nostra democrazia venne azzoppata e oggi quelle macerie ostruiscono ancora il sistema politico, ne impediscono un corretto funzionamento, avendo alterato l'equilibrio fra i poteri dello Stato e inoculato il morbo del moralismo militante nella società politica e non solo.

Si trattò di una «falsa rivoluzione» figlia della globalizzazione, dell'illusione che la politica non servisse più, che la Storia fosse giunta al tornante conclusivo, che sarebbe bastato il mercato a creare il nuovo ordine mondiale, a regolarne e governarne i complicati processi. Niente di più falso e illusorio. Come avremmo visto in seguito, la Storia ha ripreso a correre, il mercato lasciato a sé stesso ha creato enormi diseguaglianze, la perdita del primato e dell'autonomia della politica è all'origine di moltissime distorsioni contemporanee.

Non mi sfugge che il punto di svolta è rappresentato dalla fine della Guerra Fredda, che esiste una indubbia connessione tra il mutamento dello scenario geopolitico internazionale e la violenza dirompente che si abbatte sul sistema dei partiti in Italia, un Paese di frontiera tra Est e Ovest, sia pure saldamente collocato nella sfera di influenza atlantica. Il cambio di paradigma post-bipolare ha in effetti delle conseguenze dirompenti sull'architettura politica italiana che fino a quel momento aveva usufruito dello «scudo protettivo esterno», rimandando la risoluzione di questioni fondamentali come, per esempio, la necessità di mettere in sintonia il quadro istituzionale e democratico con le nuove istanze che maturavano nel corpo sociale.

Lo scontro tra il potere finanziario e il primato della

politica coglie la classe dirigente, espressione dei partiti di governo, certamente impreparata, nonostante i molti ammonimenti dello stesso Craxi che da anni sottolineava – non trovando i numeri necessari in Parlamento per attuarla – l'esigenza di una «Grande Riforma».

La «falsa rivoluzione» prende forma in un contesto simile, e trova alimento nell'interesse delle grandi realtà finanziarie a mettere le mani sul patrimonio industriale pubblico italiano. Lo strumento utilizzato è un manipolo di magistrati, probabilmente coadiuvati da pezzi di servizi segreti, anche stranieri. E la sponda politica viene offerta da un Partito comunista allo sbando, che dopo il crollo del muro di Berlino sceglie di percorrere la via giudiziaria al potere nell'illusione di potersi emendare dai fallimenti politici che la Storia aveva certificato.

Craxi ebbe all'inizio un atteggiamento altalenante. Pensava fosse necessario dare una fine politica alla Prima repubblica, affrontando senza infingimenti il tema del finanziamento illegale, mettendo mano ai correttivi che avrebbero potuto consentire la salvaguardia del sistema democratico. È quello che disse davanti al Parlamento e al Paese, assumendosi per intero le sue responsabilità politiche, in quei discorsi del luglio 1992 e dell'aprile 1993 che sono stati erroneamente – e volutamente – tacciati di chiamata in correità. Eppure, la sua invocazione a riconoscere che il tema del finanziamento illegale alla politica era connaturato con la vicenda storica della repubblica si disperde nel silenzio dell'aula, più eloquente di ogni parola: fu uno straordinario momento di verità che nessuno osò contestare, avrebbe poi spiegato Bettino facendo esercizio di memoria.

Nonostante le difficoltà politiche e umane di quei giorni, le viltà, i tradimenti, Craxi ebbe la capacità di mostrarsi sereno. Mi viene in mente un episodio in particolare, legato alla sua deposizione al processo Enimont, nel 1993. Mio padre arrivò a Milano un giovedì, giornata per lui inusuale, pranzammo a casa, eravamo io, lui e il fidato Nicola, e come se niente fosse mi disse: «Io nel pomeriggio ho un impegno, se non mi sveglio entro le quattro chiamami». Ricordo che lo guardai stranita, pensando tra me e me: «Oggi inizia il processo Enimont che può cambiare la storia del Paese, e lui pensa a dormire».

Alle quattro in punto andai nella sua stanza a controllare: stava effettivamente dormendo, lo chiamai, lui si svegliò, andò a lavarsi, si vestì, e prima di uscire da casa si voltò verso di me affermando: «Stasera faccio un po' tardi».

Poi se ne andò, calmo come sempre quando c'era da affrontare una battaglia, con l'animo sereno di chi è consapevole che se ha commesso degli errori lo ha fatto in coscienza per un obiettivo superiore.

Era impressionante, davvero impressionante.

Senza che se ne accorgesse, quel pomeriggio l'ho seguito fin dentro l'aula del tribunale di Milano. Non lo sapeva e non l'ha mai saputo, ma io ero lì, con lui, lo vedevo argomentare, rispondere alle domande di Antonio Di Pietro, in quella deposizione che rappresentò un altro momento di grandissima dignità. Craxi non si sottrasse alle domande, anzi dominò la scena, come risulta dalle cronache dei giornali, e questo fece storcere il naso a Eugenio Scalfari, che sollevò una polemica contro lo stesso Di Pietro accusandolo di essere stato fin troppo comprensivo.

Il processo si concluse con una sentenza che aveva il sapore della beffa. Cito testualmente: «Si può dare atto a Craxi che in questo processo non è risultato né che abbia sollecitato contributi al suo partito né che li abbia ricevuti a sue mani, ma questa circostanza – che forse potrebbe avere un valore da un punto di vista per così dire estetico – nulla significa ai fini della responsabilità penale».

Come ebbero un sapore di beffa i risarcimenti di poche migliaia di euro che ci vennero riconosciuti, frutto delle sentenze di condanna che la Corte europea dei diritti dell'uomo aveva emesso nei confronti dei processi di Craxi. Aveva avuto ragione in Europa, ma non lo seppe mai; fui io che dopo la sua morte volli, insieme ai suoi avvocati Giannino Guiso ed Enzo Lo Giudice, proseguire in quei ricorsi.

Non avevamo capito che Tangentopoli fosse un colpo di Stato, anche se non erano mancate le evidenze in passato che il piano fosse in preparazione: ci fu anche la Duomo Connection, l'inchiesta di Ilda Boccassini sulle infiltrazioni della mafia a Milano, in cui un imputato cercò di coinvolgere senza successo Pillitteri, allora sindaco della città, e altri esponenti socialisti.

A rileggere a posteriori il susseguirsi di episodi, anche piccoli, verrebbe da pensare come sia stato possibile non cogliere alcuni indizi, non unire i tanti puntini, mettere insieme molti segnali che avrebbero dovuto destare prima e per tempo la dovuta attenzione, se non un vero e proprio allarme, per provare a frenare la slavina che si sarebbe abbattuta scientemente sul sistema politico e in particolar modo sul Psi e su Craxi. Non erano tanto segnali di natura giudiziaria che, in fondo, già dalla metà degli anni Ottanta si erano appalesati anche con un certo clamore, quanto movimenti, più o meno sotterranei, che da qualche anno, dopo il crollo del Muro, si stavano consumando nel sottobosco di quel mondo economico-finanziario, tanto nostrano quanto internazionale, che si agitava e che soffriva una politica forte e, con onestà, anche talvolta invasiva.

Era l'estate del 1990 quando ad Hammamet si presentò Salvatore Ligresti. Quella che sembrava una visita di cortesia di un amico, «casualmente» di passaggio nella sua vacanza in barca, nascondeva una missione ben precisa. Ligresti era latore di un messaggio di Enrico Cuccia a Craxi. Il banchiere, una delle personalità più significative del panorama economico italiano del secondo Novecento, invitava Craxi a porsi alla testa di un movimento che mettesse da parte il vecchio assetto politico, in primis il mondo democristiano, e a dare vita a una stagione di rottura che potesse aprire, in sintonia con i potentati economico-finanziari, una nuova stagione..

Come riporterà anni dopo Massimo Pini che, insieme a Paolo Pomicino, raccolse in tempi successivi questo racconto dallo stesso Cuccia, fu per Craxi un'occasione mancata per cambiare il proprio destino. Fu quello, per alcuni mondi, un segnale inequivocabile della sua indisponibilità a prestarsi a operazioni di establishment poco interessate alla sana dialettica politica e alle dovute dinamiche democratiche. Conoscendo mio padre, non mi stupisce, oggi come allora, che avesse potuto lasciar cadere questo invito, né tantomeno che non abbia dato il giusto peso a quel messaggio. Il pensiero che le sorti dell'Italia si giocassero in un'arena diversa da quella della politica non rientrava nelle sue categorie di pensiero, non faceva parte del mondo in cui aveva mosso i suoi primi passi e in cui era cresciuto. La politica, con le sue regole, scritte e non, con le sue logiche che richiedevano passaggi istituzionali e legittimità popolare, era il centro delle decisioni. Qualsiasi altra sede, oltre che inadeguata, innanzitutto perché sottratta al controllo democratico, gli appariva illegittima e inadeguata, una devianza dai suoi principi e da quelli repubblicani.

Era un'operazione di fatto sovversiva che necessitava di una sponda politica. E furono i comunisti a fornirla. D'altronde, la demonizzazione di Craxi, lì a Botteghe Oscure, aveva radici profonde. Basti ricordare le parole del portavoce di Berlinguer, Antonio Tatò, che descriveva il leader del Psi come «un avventuriero, un criminale a capo di una banda di criminali». Basti ricordare che alle feste dell'Unità veniva servita la «trippa alla Bettino». Ho trovato dei documenti secondo cui già al tempo del delitto Tobagi c'era stato un tentativo di criminalizzare Craxi. L'attacco veniva da lontano, da parte della sinistra postcomunista e di certa parte della magistratura. Abbiamo poi saputo per certo che già molti anni prima di Tangentopoli la magistratura incalzava la mala milanese per cercare la prova dei suoi rapporti con Craxi. Tangentopoli, quindi, ha rappresentato l'occasione per chiudere il cerchio. E Craxi qualche avvertimento l'aveva pure ricevuto. Un esponente di spicco del Pci, Gerardo Chiaromonte, che con mio padre aveva stretto un'amicizia sincera, una volta gli disse apertamente: «Guarda, Bettino, che il mio partito ha scelto la via giudiziaria al potere, stai attento».

Non è quindi un caso che dopo la «falsa rivoluzione» una frenesia privatizzatrice si impose, irrobustita da una moltitudine di retoriche, alcune delle quali di matrice prettamente antipolitica, al centro dell'agenda degli esecutivi che si sarebbero succeduti negli anni Novanta, in uno scontro che non risparmiò lo stesso mondo finanziario italiano, diviso tra quanti volevano privilegiare le insegne nazionali e quanti invece avrebbero schiuso le porte, come poi si sarebbe in parte puntualmente verificato, alle cordate straniere. Ciò che è certo è che con mio padre, tutt'altro che restio all'idea di privatizzare parte del sistema delle partecipazioni statali, non si sarebbe consumato lo scempio a cui abbiamo assistito. Per lui le privatizzazioni erano la conseguenza di liberalizzazioni che avrebbero aperto il mercato alla logica della concorrenza e non uno strumento per creare monopoli privati e arricchire, chissà a quale prezzo, un ristretto club di ottimati.

Un piccolo scorcio di questa guerra, un conflitto che letto in filigrana ci racconta meglio di molti altri fatti ed episodi la storia delle Tangentopoli italiane ed europee che scoppiarono sul finire del secolo scorso, si è consumato sotto i miei occhi, anche negli anni tunisini dove, nel silenzio generale, Craxi provò a denunciare la deriva italiana.

Sono anche questi venti di guerra, di una guerra senza quartiere, che i Diavoli, per usare l'iperbole tanto immaginifica quanto seducente di una fortunata serie ispirata agli scritti di Guido Brera, hanno vinto. Eppure, da lì a poco, per un'opinione pubblica ammaestrata ad arte, i Diavoli saremmo diventati noi.

Nel rapporto con mio padre ho sempre avuto questo

approccio protettivo che fa parte del mio carattere, anche se a volte, quando ripenso a quei momenti difficili, sento di non essere riuscita a difenderlo fino in fondo. Poi però mi domando: «Come potevi arginare una tempesta?» Avevo la mia famiglia, tre bambini piccoli da accudire, senza contare che la tempesta si abbatté pure su di noi. E anche se probabilmente, come diceva lui, mio padre aveva le spalle sufficientemente larghe per affrontare tutto, non è detto che lo stesso valesse per noi.

La verità è che, come ripeteva spesso Bettino, ci si poteva difendere da un accanimento giudiziario, da un attacco mediatico, ma non si potevano fronteggiare le due cose insieme, era impossibile trovare una difesa efficace. Da ogni guerra su più fronti si esce distrutti. Così, dopo il suo primo avviso di garanzia, che arrivò il 15 dicembre del 1992, i giudici arrestarono tutti quelli che sul territorio controllavano il partito e i voti, decine di segretari regionali, provinciali, comunali: distrussero letteralmente la struttura del partito, si trattò di un'operazione condotta con violenza assoluta. E solo alcuni compagni sono rimasti meritoriamente con Craxi fino alla fine, compagni che finalmente poterono avvicinarlo ed esprimergli la loro solidarietà. Per il resto, l'intera classe dirigente politica nel suo complesso si defilò, e lui si trovò ad affrontare un muro di silenzi e di viltà, l'abdicazione di un'intera classe dirigente politica.

Passarono pochissimi mesi, iniziò come detto il processo Enimont, fioccarono gli avvisi di garanzia, finché, il 5 maggio 1994, a poca distanza dalle elezioni politiche, i miei genitori se ne andarono dall'Italia, in esilio. Mio padre era concentrato sulla questione in termini tutti politici.

Anche quando prese la decisione di partire per la Tunisia non ci ha mai detto: «Sapete, io me ne vado. E voi? Tutto bene? Avete problemi? Posso fare qualcosa?» No. È partito, se n'è andato e ha lasciato la casa, l'ufficio, come se dovesse tornare il giorno dopo. Quando capii che quella partenza non era provvisoria, cercai di mettere le cose in ordine. Tutto ricadde su di me, ma nessuno mi aveva detto cosa fare. Io ho chiuso gli uffici, ho saldato i debiti, ho rilasciato la casa alla banca, ho pagato le liquidazioni delle persone che lavoravano per lui, ho predisposto i traslochi, come quello dell'abitazione di Milano, preludio al famoso sequestro di Livorno. I giornali, anche in quell'occasione, furono spietati e non mancarono d'inventiva: uscirono titoli roboanti (*Bloccato il tesoro di Craxi*), ma non era vero niente, si trattava di vere e proprie forzature per vendere copie, pura speculazione giornalistica, un dettaglio molto indicativo di come funziona la «macchina del fango». Le notizie che circolavano erano tante, alcune totalmente incredibili, eppure la gente ci credeva, perché i titoli di giornale si sommavano ai procedimenti, alle voci, formando un effetto-valanga. Tutto contribuiva a rafforzare il sentimento popolare anticraxiano.

Naturalmente fu un inferno anche per noi, iniziarono le perquisizioni delle forze dell'ordine a casa, gli attacchi che arrivavano dall'esterno furono violentissimi e ci colpirono su tutti i livelli. Io e mio marito abbiamo avuto paura, a un certo punto temevamo di non riuscire più lavorare, che la nostra società fallisse, nessuno ci rispondeva al telefono. Subimmo minacce di morte, tant'è che fummo costretti a prendere un ex carabiniere per accompagnare me e i bambini quando uscivamo di casa, e una dose incredibile di menzogne, come quando uscì la notizia – naturalmente falsa – di un mio ricovero in comunità terapeutica per il recupero dalla tossicodipendenza. Il tutto mentre ero a casa ad allattare Benedetta.

Se ci ripenso oggi, mi sembra incredibile: quanta fantasia, non capivamo neanche come reagire. Qualche volta fui tentata di querelare, ma in tante occasioni non l'ho fatto. Bisognava resistere, parare i colpi, continuare a vivere, sforzarsi di mantenere per i bambini, per quanto possibile, un clima sereno.

Ma la mia vita era diventata caotica, facevo la spola tra Roma e Milano, proprio come mio padre un tempo. Mesi difficilissimi, tutto precipitava con una velocità disarmante. La mente mi riporta al processo Enimont, perché ero molto amica di Sergio Cusani. Ho vissuto la sua vicenda in modo molto doloroso: una sera ero a casa della mia migliore amica e mi ritrovai catapultata di fronte a una scena impensabile che andava in onda durante il telegiornale, quella del suo arresto: ricordo lo sconforto, in quelle immagini era condensato tutto il mio mondo, gli affetti, la famiglia, l'amicizia, la politica.

A me sembrava di stare in guerra. Non ci colpivano bombe vere, non cadevano fisicamente i muri, ma io ho sempre pensato di vivere la stessa angoscia che si vive in una guerra, una guerra che stavamo perdendo.

Per fortuna, già nel 1991 ci eravamo trasferiti in campagna, in provincia di Como. Quella scelta, che presi di comune accordo con mio marito Marco, permise quantomeno di isolarci e di rimanere un po' più protetti dal tornado in corso. In quel momento avevo bisogno di serenità, i bambini erano davvero piccoli, Benedetta era nata proprio durante la tempesta. Quella gravidanza non fu facile, sembrava che la bambina potesse venire al mondo in anticipo e il ginecologo mi ordinò di rimanere in allerta, immobile, a riposare. Così, per un po' di tempo fui bloccata a casa, e veniva naturale accendere la televisione per seguire gli eventi di portata nazionale che riguardavano in prima persona mio padre.

Così mi sono imbattuta anche nella famosa scena delle monetine, scagliategli addosso all'uscita del Raphael, il 30 aprile 1993. Vidi quelle immagini trasmesse dal Tg3, e sapevo che mio padre sarebbe successivamente andato a rilasciare un'intervista a Giuliano Ferrara. Credevo di trovarlo scosso, ma lui, dimostrando la forza morale di sempre, disse una cosa durissima che non potrò mai dimenticare. Ferrara gli chiese, riferendosi a quella folla inferocita che pochi minuti prima lo aveva circondato: «Craxi, ha avuto paura?» E mio padre rispose: «No, paura no. Ho avuto vergogna. Per loro». Mi venne da piangere, ero fiera e al contempo turbata.

Quella sera stessa, sul tardi, mi chiamò, cogliendomi in un momento di fragilità. Incinta, stressata, angosciata perché non avevo potuto essere lì con lui, a lottare al suo fianco. Gli risposi, ero un po' scossa, lui capì che stavo piangendo, ma piuttosto che consolarmi, mi gelò: «Una Craxi non piange» disse, riportandomi a quel pudore dei sentimenti che era fondamenta del suo carattere. Ancora una volta, lo stesso segnale che ho ricevuto per tutta la vita. Ancora una volta, le conseguenze del nascere in una famiglia politica.

Sì, perché nel nostro percorso politico c'è stato di tutto. La Resistenza, il terrorismo, l'esilio, davvero qualsiasi cosa.

In quelle parole pronunciate al telefono da mio padre c'era un messaggio chiaro: voleva dirmi che in politica bisogna essere pronti ad affrontare ogni battaglia, che non ci si può permettere di essere fragili. Fu una botta di adrenalina che mi spronò a riprendermi. Non era qualcosa di verbalizzato, ma quei suoi sottotesti avevo imparato bene a comprenderli.

Tornando a noi, al caos che ci avvolgeva, bisognava fronteggiare le ricadute negative sul nostro lavoro. In Rai non ci rispondeva più nessuno. Quelle poche volte che qualcuno veniva al telefono, le motivazioni che ci fornivano erano le più disparate. Ci dicevano che certi programmi non si facevano più, che il budget degli anni precedenti si era ridotto perché c'era la crisi. Ma il nocciolo della questione era che di fatto non lavoravamo. Sempre in quel 1993, l'*Indipendente* diretto da Feltri titolò: *Indagini in Rai, spunta il nome di Stefania Craxi*, con annessa una mia foto gigante. Due dirigenti, Franco Iseppi, direttore della programmazione, e Mario Raimondo, direttore della sede di Milano, furono accusati di aver assegnato alla mia società alcuni appalti irregolari, ma si trattava di una notizia assolutamente falsa. Essere però al centro di un'inchiesta che riguardava la Rai e la nostra azienda significava non poter più avere relazioni lavorative con la televisione di Stato, e correvamo davvero il rischio di chiudere. Fortunatamente, avevamo sempre fatto un lavoro egregio sul piano internazionale, eravamo stimati al mercato audiovisivo di Cannes (non il celebre festival del cinema, ma un evento business) e dunque avevamo contatti con molti interlocutori esteri di alto livello. A un certo punto la

Grundy, una società australiana molto seria, ebbe bisogno di un partner italiano per produrre un programma televisivo su scala nazionale, *Beato tra le donne*: si trattava di un format impegnativo destinato alla prima serata, e loro sentirono il bisogno di appoggiarsi a una società esterna italiana. Si sarebbe dovuto girare al Bandiera Gialla di Rimini, e fu Bibi Ballandi a segnalare le nostre società. Con Bibi eravamo amici dai tempi di Dalla, e così in quell'occasione un'altra «famiglia» venne in nostro soccorso. L'accordo era chiaro: Grundy stipulava il contratto con la Rai, poi cedeva a noi la produzione operativa, che diveniva nostra responsabilità. In quel modo potevamo lavorare senza dover stringere alcun rapporto diretto con la Rai, un modus operandi che poi replicammo anche con Mediaset.

Per tornare alla Rai, ricordo che quando divenne presidente Letizia Moratti io la chiamavo e lei non mi rispondeva. Suo marito Gian Marco finanziava regolarmente l'*Avanti!*, lo faceva tutti gli anni. Eravamo disperati, ma c'era poco da fare. Mi rivolsi addirittura a Vincenzo Muccioli, il quale mi assicurò che le avrebbe parlato. E andò effettivamente così, la Moratti non mi ricevette ma ci fece chiamare dal direttore generale della Rai che ci ribadì il quadro della situazione: «Mi dispiace» disse «non possiamo farvi contratti perché comunque c'è un'indagine aperta». Si riferiva naturalmente alla vicenda che vedeva coinvolti Iseppi e Raimondo, un'indagine senza alcun fondamento che si chiuse infatti senza conseguenze.

Per fortuna, a un certo punto ci fu la svolta, perché arrivarono gli olandesi di Endemol e comprarono la nostra società. Ci conoscevano per il tramite di alcuni nostri amici in Spagna che avevano loro venduto una società di produzione televisiva; quando questi seppero che Endemol era a caccia di acquisizioni in Italia mandarono i loro dirigenti da noi, garantendo sulla nostra serietà. La Rai in quel momento ci osteggiava, ma John de Mol – il genio assoluto che ha inventato il *Grande Fratello*, oltre a decine di format televisivi oggi esportati in tutto il mondo – volle conoscerci ugualmente. L'incontro avvenne il primo maggio del 1996, a Roma diluviava e i nostri uffici erano chiusi. Lo incontrammo a pranzo, con lui c'era il suo avvocato, che era anche il capo delle acquisizioni della società. Ricordo che John fu molto diretto, e mi disse: «Tutti mi sconsigliano di comprare questa società, che rapporti avete con Craxi?» Io fui altrettanto diretta e risposi: «Craxi è mio padre, questo è il mio lavoro». Non ci fu bisogno di altre parole. A John de Mol bastarono. I suoi legali guardarono lo storico dei programmi che avevamo prodotto, controllarono i bilanci aziendali e sbrigarono tutta la burocrazia necessaria quando si procede a un'acquisizione societaria. La vendita fu conclusa e fu la nostra salvezza.

Il clima generale, però, era sempre difficilissimo. Accompagnavo i miei figli all'asilo, passavo davanti alle edicole e mi ritrovavo titoli del tipo: *Trenta miliardi a Craxi*.

Con mio grande dispiacere, la demonizzazione mediatica veniva guidata da colui che consideravo un amico, Paolo Mieli. L'avevo conosciuto un'estate ad Hammamet, dov'era giunto con l'intento di fare un'intervista a Craxi, che non ne aveva nessuna intenzione. Mieli tornò a mani vuote dopo quindici giorni di vacanze passate con me e i miei amici. Prendemmo comunque l'abitudine di frequentarci a Roma e a Milano, e trovarlo direttore del *Cor-*

riere della Sera a menare le danze, coordinando i giornali della finanza e del Partito comunista (oltre al suo, *la Repubblica*, *La Stampa* e *l'Unità*) nell'attacco alla politica, rappresentò un'altra delusione enorme che mi vedevo inflitta.

Era dura uscire di casa, affrontare lo sguardo di chi pensava che fossimo una famiglia di ladri. Una sera decisi di reagire, e andai per la prima volta nella mia vita alla prima della Scala. Be', non proprio alla prima. Con un drappello di compagni socialisti ci presentammo fuori dall'edificio la sera del 7 dicembre, chiedevamo verità, giustizia e trovammo gente che ci urlava contro. Un'altra volta affrontammo dei contestatori in piazzale Baracca, erano quelli della Rete di Nando Dalla Chiesa, verso il quale Craxi, dopo la morte del padre, aveva mostrato benevolenza. Tutta un'altra pasta rispetto alla sorella Rita, che è una grande donna. Con i compagni socialisti che erano rimasti, davvero quattro gatti, rimanemmo a fronteggiare questi scalmanati fino all'arrivo della polizia. Improvvisamente, anche gli amici vennero meno. Io ne ho sempre avuti pochi, quelli più intimi che sono rimasti gli stessi, ma le tantissime conoscenze, anche di lunga data, scomparvero del tutto. Avvertivo il disagio che molti ex conoscenti provavano addirittura nel salutarmi. Era molto triste.

Poi ci trasferimmo a Roma, e nessuno voleva affittarmi casa. Anche lì persone che conoscevo da una vita facevano finta di non conoscermi, solo in pochissimi mi onorarono della loro amicizia in quei momenti bui: la giornalista Alda D'Eusanio e suo marito Gianni Statera, e poi due insospettabili, donna Assunta Almirante, la moglie di

Giorgio, e Giuseppe Tatarella, che all'epoca era vicepresidente del Consiglio.

Con Pino si creò una vera amicizia e in tante serate private, diventammo partner di scopone scientifico, l'ultima partita la giocammo in ospedale, dove andai a trovarlo qualche mese prima della sua morte. Quanto a donna Assunta, una persona con la durezza e la lealtà tipica dei calabresi, una volta mi volle addirittura come relatrice alla presentazione di un libro che scrisse sulla sua storia con Almirante. Si trattava di un evento pubblico, la sala era gremita di gente e lei non ebbe nessuna remora a farmi condividere il palco con Gianfranco Fini, all'epoca vicepresidente del Consiglio e star assoluta della destra. Ebbi modo di ricordare che Craxi fu il primo a pronunciare la parola «patria» e a far esporre la bandiera italiana in tutti gli uffici pubblici.

Per il resto, noi Craxi eravamo diventati dei reietti. Nessuno ci invitava a cena, nessuno voleva vederci. A me quella situazione non sembrava poi così insopportabile, avevo i bambini piccoli e stavo a casa molto volentieri. Mio marito, invece, la soffriva di più, almeno fino a quando gli olandesi non comprarono la società e gli offrirono di fare l'amministratore delegato di Endemol in Olanda, consentendogli di partire per Amsterdam.

Ancora oggi, se ripenso al passato, mi intristisco e soffro perché gli anni di Tangentopoli sono stati veramente drammatici. Le banche ci ritiravano i fidi, anche quelli personali, ci svegliavamo al mattino e chiamava un direttore di banca che ci convocava in sede, ci riceveva col giornale del giorno in mano e ci diceva: «Mi spiace, non posso fare altrimenti». Ma motivazioni reali non ce n'erano.

In tutto questo, mi guardavo bene dal riportare ai miei genitori la situazione delicata che stavamo affrontando. Del resto, cosa avrei dovuto fare? Oltre al dramma che stavano vivendo loro, che stava vivendo mio padre, dovevo coinvolgerli anche nelle nostre difficoltà? Mia madre si era quasi adattata, anche grazie al suo carattere mansueto, ma sentivo che mio padre stava male. Dovevo aggravare la sua sofferenza con le nostre preoccupazioni? No, ovviamente, e quindi non lo facevo.

Cercavo piuttosto di essere utile come potevo. Gli portavo i verbali, spesso ero io a fare la spola con gli avvocati. I suoi legali non potevano interrogare i testimoni perché non era passata la legge sul giusto processo, che fu poi approvata nel 1999. Quindi, in quel momento, le deposizioni che gli indagati facevano davanti al magistrato, dietro la minaccia del carcere preventivo, venivano acquisite nel processo senza che i rappresentanti della difesa potessero interrogarli in dibattimento. Anche quello era un meccanismo molto doloroso da accettare, uno stato di cose quasi kafkiano, a causa del quale mio padre non poteva difendersi adeguatamente di fronte a chi lo voleva vinto e umiliato.

Lui non intravedeva nelle inchieste che lo riguardavano ragioni di giustizia: sapeva di non avere mai commeso quei reati, sapeva di non avere e di non essere mai stato corrotto da nessuno, quindi semplicemente non riconosceva quei processi.

Lo dichiararono persino latitante, anche se tutti erano perfettamente consapevoli di dove si trovasse, vale a dire a casa sua, in Tunisia. Era partito da uomo libero, utilizzando il suo passaporto, l'indirizzo di Hammamet e il numero di telefono erano di dominio pubblico. E poi non si è mai sottratto ad alcun confronto, né politico né giudiziario. Il senatore comunista Giovanni Pellegrino, presidente della Commissione stragi, si mise in contatto con lui, voleva sentirlo alla luce degli importanti incarichi istituzionali che aveva ricoperto. Craxi diede la sua disponibilità, felice di poter offrire il suo contributo a un organismo parlamentare. Ma, con grande disappunto del presidente Pellegrino, non se ne fece nulla, qualcuno ostacolò i suoi propositi: prevalsero altre ragioni, dettate dall'ipocrisia.

10

Bugie

Non potevo immaginare che, anche restando ai margini, sarei finita nell'occhio del ciclone. Un giorno, Toni Muzi Falconi, un noto pubblicitario milanese, l'inventore della «quercia» nel simbolo del Partito democratico della sinistra, senza alcuna ragione, visto che neppure lo conoscevo, scrisse una lettera ai giornali piena di falsità, asserendo che mi stessi disintossicando in un centro di recupero. Io, immersa nella mia vita bucolica con i miei bambini nella provincia comasca, ero così lontana da tutto che nemmeno me ne accorsi; fu Pippo Baudo a telefonare a mio marito Marco e a chiedergli: «Senti, devo dirtelo, girano brutte voci su Stefania, dov'è adesso? È davvero a disintossicarsi?» Marco cadde dalle nuvole, pensò a uno scherzo e rispose: «No, è a casa ad allattare». Baudo allora ci consigliò di mettere fine alle malelingue facendoci vedere in pubblico, e mio marito decise di portarmi allo stadio, per una partita di beneficenza, a fugare ogni dubbio. A me sembrò un'assurdità, ma presi un volo per Roma.

Quelle notizie giravano davvero, così decisi di querelare chi le aveva diffuse. In tribunale finirono Vittorio Feltri, che le aveva pubblicate, e lo stesso Muzi Falconi: entrambi furono condannati per diffamazione aggravata in primo grado, anche se io non andai al processo perché ero ancora a casa ad allattare. Per il secondo grado, invece, mi presentai in aula, e vinsi ancora. Un giorno incrociai Muzi Falconi e gli domandai: «Mi scusi, ma perché?» La sua risposta, inattesa, fu: «Perché me lo avevano detto». Ma come! Non sarebbe bastato fare delle verifiche?

Prima che si pronunciasse anche la Cassazione, decisi di ritirare la querela. Ero tornata a Milano, perché stare in campagna in quella situazione era troppo difficile. Una sera si presentarono sotto al mio portone Massimo Fini e Vittorio Feltri, il quale teneva in mano un mazzo di fiori: voleva chiedermi scusa, e si era pentito anche per quello che aveva scritto su mio padre (si doveva a lui, infatti, l'appellativo di «cinghialone») con cui aveva cominciato a sentirsi al telefono; voleva capire come stavano veramente le cose. Ecco perché ritirai la mia querela.

Un'altra vicenda strumentalizzata è stata quella della leonessa Sophia, sì, proprio una leonessa vera, in carne e ruggiti! Alla ricerca dell'agognata indipendenza, molti passaggi della mia giovinezza sono stati movimentati e, visto il ruolo politico che aveva mio padre, non pochi episodi si sono prestati a mistificazioni. Qualche tempo fa, per esempio, è andato in onda un documentario sulla mafia milanese, dal titolo *La mala. Banditi a Milano*, e nell'ottica della spettacolarizzazione gli autori, a un certo punto, hanno fantasticato su chissà quali rapporti esistessero fra mio padre e le bande di malavitosi che agivano in città. Il tutto proprio a causa della mia leonessa.

Naturalmente si tratta di sciocchezze, la verità è molto più semplice e anche più divertente.

Avevo appena preso la patente e decisi di lanciarmi con la macchina di mia madre sull'autostrada A7 Milano-Genova per trascorrere un weekend a Santa Margherita Ligure. Una sera mi trovai in un locale, si chiamava Il Covo di Nord-Est, il proprietario era Lello Liguori, personalità molto conosciuta a Milano, dove possedeva anche un locale alla moda che si chiamava Studio 54. Liguori faceva parte di quel gruppo di persone che capitavano a casa e portavano in dote la loro vitalità di uomini creativi, piacevoli e irregolari. Gestiva locali noti e frequentati, ma da qui a dare per scontato che avesse legami con la mafia ce ne passa, è un po' eccessivo. Magari ci aveva a che fare giocoforza, però...

A Milano, Turatello lo incontravi al Nepentha o al Derby, quelli della mala andavano nei posti migliori, ma certamente non ci andavo io perché non ero una grande frequentatrice di discoteche. Insomma, nell'euforia per avere appena ottenuto la patente e per essere autonoma, mi recai con la macchina di mia madre al Covo di Nord-Est, e vidi entrare un signore in smoking. Non gli diedi molta attenzione, ma tantissima ne dedicai a un cucciolo di leone che portava al guinzaglio. Io ho sempre amato gli animali, anche se da piccola, in casa, non ero mai riuscita ad avere nemmeno un cagnolino, pur sognandolo per anni; così, di fronte alla vista di quel leone, smisi di ballare e di fare qualsiasi altra cosa per fiondarmi su di lui. Mi avvicinai a quel tipo vestito in modo impeccabile, ma con la faccia, a ripensarci oggi, poco raccomandabile, e iniziai ad accarezzare il leoncino. Lui mi disse: «Se vuoi te lo regalo.

Ne ho altri sei». Io non immaginavo chi fosse e, poiché la tentazione era enorme, accettai quel suo dono. Da diciottenne un po' avventata quale ero, presi il leone (in realtà era una leonessa) e lo portai a casa. Dormii con quell'animale in braccio a casa di amici, poi, il mattino dopo, sistemai Sophia (questo era il suo nome) in macchina e partii per Milano.

Suonai a casa – a quel tempo sia io sia mio fratello vivevamo ancora coi nostri genitori – e mi aprì la nonna, perché i miei erano partiti per il weekend ed erano ancora in viaggio. Appena mi vide cominciò a strillare: «Aiuto! Un orso! Portalo via subito!» Io le dissi di stare calma: «Nonna, non preoccuparti, stai tranquilla, non è un orso, è un leone!» Lei non si convinse e, indignata, chiamò mia mamma. Cominciò con la solita ramanzina: «Ecco, tua figlia, ne ha fatta un'altra delle sue, è sempre la solita, ha portato a casa un orso». E io di nuovo: «Ma no, mamma, non è un orso, è un leone».

Mia mamma chiese alla nonna di passarmi la cornetta del telefono e disse: «Amore, qualsiasi cosa sia fallo sparire il prima possibile perché sai che io animali in casa non ne voglio».

Mio padre, invece, che sentì la discussione in prossimità del telefono, intervenne: «Ma come, dai poverina, dove vuoi che lo porti, faglielo tenere!»

Morale, quando tornarono a casa i miei genitori il leone era ancora con me. Così iniziammo la convivenza, che durò circa sei mesi. Noi avevamo un terrazzo a Milano, una casa in affitto con spazio esterno, e quindi Sophia se ne stava sul terrazzo, fino a che non diventò troppo grande. A quel punto cominciò il mio disperato tentativo di collocarla altrove, perché non era possibile mandare in Africa un felino nato in cattività. Cominciai a telefonare ai vari zoo d'Italia, fintanto che non trovai un direttore disponibile. Rispose lo Zoo Safari di Fasano, avrebbero preso loro Sophia. Io l'accompagnai in aeroporto in una specie di scatola-gabbia, piangevo per quell'abbandono e la caricai in stiva. Così Sophia partì per la Puglia. Per qualche anno il direttore dello Zoo Safari mi scrisse per tenermi informata sulle sue condizioni. Lei si trovò bene e il problema di avere una leonessa in terrazzo era risolto.

Tutto finito? Niente affatto, perché quella vicenda ebbe una coda inaspettata. Passarono anni, e un bel giorno un giornale (non ricordo se fosse il *Corriere della Sera* o *la Repubblica*) pubblicò un'intervista ad Angelo Epaminonda, detto «il Tebano», uno dei boss della mala di Milano, condannato a svariati ergastoli, corredata da una foto del suo volto sfregiato da una cicatrice. Ecco chi era l'uomo con lo smoking!

A una domanda, il Tebano rispondeva che lui a Milano conosceva tutti e che aveva persino regalato un leone alla figlia di Craxi. Mio padre lesse l'intervista e mi fece una bella lavata di testa. Prima dovetti spiegare a lui quello che era successo, poi, quando seppe la verità, mi disse: «Adesso scrivi al giornale e gli spieghi com'è andata». Così feci: spedii una lettera che fu pubblicata.

Era una storia davvero assurda, anche se la convivenza con Sophia fu bellissima: mangiava dalle mie mani, era una gattona, affettuosissima. Gli animali in cattività sono docili. Certo, evidentemente Epaminonda sapeva chi ero, ma io non sapevo chi fosse lui, e devo ammettere che non mi posi neppure il problema. Ma avrei dovuto farlo, e in quell'occasione mancai ai doveri di prudenza che mi ero imposta per rispetto al ruolo politico di mio padre.

Ovviamente nel biennio 1992-1994, nel mezzo dell'aggressione mediatica, l'opera di mistificazione della realtà divenne un sistema collaudato che produceva una serialità di bugie che non trovavano alcun argine neanche nella ragione e nell'evidenza dei fatti.

I giornalisti ne scrivevano di tutti i colori: dicevano che mio padre non fosse davvero in Tunisia, che si fosse portato via la fontana che oggi campeggia in piazza Castello a Milano (e che invece era in restauro). Anni dopo, mia madre, con una delle sue battute fulminanti, ebbe a dire che quando lesse che ci addebitavano il furto di una fontana da dieci metri di diametro, aveva pensato che fosse arrivato il momento di cambiare aria.

Sempre a proposito di fontane, in anni più recenti ricevemmo un'email da parte di un professore dell'Università Ca' Foscari di Venezia, il quale mi contattò per avere informazioni su una fontana veneziana del Seicento, che a suo dire avrebbe dovuto fare bella mostra nel patio della nostra casa di Hammamet. Pensai di rispondergli inviandogli una foto della piccola macina da grano di fattura contadina, rigorosamente tunisina, che zampilla qualche goccia d'acqua al centro del patio.

Si scrisse pure che mia madre andava a fare sistematicamente spese a Parigi, mentre mio padre veniva avvistato in ogni parte del mondo. La verità è che Craxi non si era mai mosso da casa sua, mentre qualcun altro se ne andava in giro, da Istanbul a Hong Kong, dagli Stati Uniti all'Austria. Addirittura, sul passaporto che Craxi consegnò spontaneamente alla procura di Milano, tramite i suoi avvocati, venne aperta un'inchiesta in cui gli si contestava di aver contraffatto il documento. In realtà, la famosa contraffazione era semplicemente una macchia di caffè caduta sul passaporto.

Inventavano davvero qualsiasi cosa, menzogne e cattiverie. La più macroscopica fu quella sul «tesoro di Craxi», che ovviamente non esiste e non è mai esistito.

Si favoleggiò dei mitici rubinetti d'oro della nostra casa di Hammamet, ci contestarono il possesso di un Tiziano che in realtà era una rielaborazione di Panseca, insomma una copia pop art.

E poi bastava che io prendessi un taxi a Milano, ed ecco che mi venivano indicati, a me che non ero ancora un personaggio pubblico e vivevo in affitto, palazzi, quando non interi quartieri, di proprietà – i tassisti erano pronti a giurarlo – della famiglia Craxi.

Se queste erano quisquilie, la mistificazione più grave si è costruita intorno all'azione di governo del primo presidente del Consiglio socialista nella storia d'Italia.

Il tema relativo all'esplosione del debito pubblico, per esempio, ha alimentato una leggenda popolare suffragata da una letteratura scientifica certamente di parte, e perciò faziosa. Eppure non bisogna essere dei fini economisti per saper leggere i dati e per accorgersi che fu proprio l'esecutivo Craxi a dare una potente frenata alla spesa corrente, come mai era accaduto nella vicenda repubblicana. È vero che il debito pubblico salì anche in quegli anni, ma ciò avvenne per effetto del crescente aumento della spesa per interessi, di cui una delle cause fu il divorzio tra il Tesoro e la Banca d'Italia, voluto da Beniamino Andreatta e osteggiato dai socialisti.

Carlo Azeglio Ciampi, all'epoca governatore della Banca d'Italia, riconobbe alle politiche messe in atto dal governo presieduto da mio padre il merito di aver fermato l'inflazione e di aver dato certezze alle imprese italiane.

Ma più eloquente di ogni cosa è il raffronto fra i dati economici del 1983, l'anno in cui Bettino si insediò a Palazzo Chigi, e quelli del 1987, quando fu costretto a lasciare la presidenza del Consiglio: inflazione dal 17,7 al 4,6%; deficit rispetto al Pil dal 16,7 al 12,6%; pressione fiscale dal 37,5 al 35%; Pil da 765 a 890 miliardi di lire, con una crescita media del 4% annuo. Eppure, quante menzogne si sono diffuse: il signor Stefano Rodotà, per esempio, ha avuto davvero un bel coraggio quando in televisione definì «orribile» la politica economica di Bettino Craxi.

11

Hammamet capitolo 2

Hammamet negli anni dell'esilio non era più la stessa, persino Sidi Bou Adid, il locale situato all'interno dell'antica fortezza spagnola luogo di ritrovo all'ora dell'aperitivo negli anni ruggenti, da dove si poteva ammirare il sole tramontare nel placido golfo di Hammamet, era cambiato. Mio padre ci andava ancora, ma sempre più spesso dopo cena, quando era chiuso, e c'erano solo il proprietario, Naceur Lagha, e il personale intenti a rassettare. Mi ha raccontato Naceur, un amico fraterno per me, che spesso se ne andavano lasciandolo lì, solo, a guardare il mare sino a tarda notte. Quel dolore, il dolore dell'esilio, mi stringe ancora il cuore.

Oggi il concetto di interesse nazionale è inflazionato: Bettino, più semplicemente, amava l'Italia, che lui chiamava «patria», e guardando il mare si illudeva di poterla vedere. Durante i suoi vagabondaggi senza meta, nell'intento di trovare dei posti dove lo sguardo potesse fissarsi sull'orizzonte, si imbatté in un bunker, rimasuglio della Seconda guerra mondiale, che una famiglia di pescatori aveva eletto a sua dimora; in una Hammamet che cresceva, in cui l'area del benessere aveva raggiunto ampie fasce di popolazione, erano rimasti poverissimi. Craxi aveva preso l'abitudine di fermarsi a comprare le *merguez*, tradizionali salsicce di pecora in una piccola macelleria sulla strada, e raggiungere la casupola dei pescatori che gliele cucinavano su una griglia improvvisata insieme al pescato del giorno. Loro lo ospitavano, lui ritrovava un po' di serenità tra quella gente semplice, e li ricambiava con piccoli doni o pagandogli le spese mediche. L'onnipresente Nicola – spesso accompagnato da Hamida Guembri, un ragazzo cresciuto a casa nostra, praticamente un fratello, oggi professore di ginnastica e presidente della Fondazione Craxi di Hammamet – aveva poi costruito una capanna di frasche, sotto la quale Monsieur le President, così lo chiamano ancora ad Hammamet, si metteva a scrivere. E sempre Nicola aveva piantato per la famiglia un orto pugliese in piena regola. Oggi l'orto non c'è più, il capanno è stato spazzato dalle mareggiate, i figli anche con l'aiuto di Bettino hanno potuto studiare e lavorano, e sono rimasti i vecchi genitori che ancora conservano le foto di quelle giornate passate con quell'inusitato ospite. Non c'è 19 gennaio che io non vada là a celebrare quella che per me è una sorta di cerimonia laica. Vengo accolta con lo stesso affetto che riservavano a lui.

Chiamarsi Craxi finisce per incidere nell'anima, lascia un segno, un sesto senso, un enzima, un codice genetico.

L'ho sempre saputo ma il giorno che mi è stato chiaro fu il giorno in cui mio padre muore davanti ai miei occhi senza che io possa fare niente.

Cominciai a urlare, a casa eravamo soli, c'era un cameriere che chiamò subito un dottore mentre io stringevo mio padre tra le braccia.

Quando il dottore arrivò e disse che non c'era più niente da fare, non ci fu tempo di ripiegarsi nel dolore.

Avvertii mio marito e mio fratello, il quale fece subito un'agenzia. Iniziò a squillare il telefono.

Non passò molto che al telefono chiamò il centralino di Palazzo Chigi, allora presieduto da Massimo D'Alema, mi passarono il sottosegretario alla presidenza del Consiglio, Marco Minniti, che mi disse che l'intenzione del presidente – uomo dalla morale che definirei disinvolta e che aveva sempre mentito per la gola attorno alle vicende che avevano investito la Prima repubblica – era concedere a Bettino Craxi i funerali di Stato.

Fu l'istinto a guidarmi, sapevo che dovevo rifiutare quell'ipocrisia: «Grazie ma no» dissi «se Craxi aveva diritto ai funerali di Stato aveva anche diritto a essere curato da uomo libero nel suo Paese». Fu il primo atto politico della mia seconda vita.

Capii che l'istinto mi aveva guidato a riconoscere rapidamente le situazioni che mi si presentavano davanti come problemi politici.

Questa consapevolezza ce l'hai, ci convivi, viene da dentro e affiora, fa parte del tuo istinto, del vissuto della tua famiglia politica.

Da quel momento, non so come, non so in quale forma, ma sapevo che la mia vita sarebbe cambiata, avevo una responsabilità, dovevo reagire a un'ingiustizia che sentivo forte nel cuore, e dentro di me, insieme alla ribellione, cresceva la necessità di restituire verità alla figura di mio padre, un uomo che aveva dedicato tutta la sua vita, errori compresi, al bene dell'Italia, a una storia, quella della repubblica, a una comunità, quella dei socialisti.

Era stata commessa un'infamia la cui portata è simile a quella del delitto Matteotti, non temo smentita quando la Storia lo renderà chiaro.

La lotta, la battaglia, anche questo mi aveva insegnato il fatto di chiamarsi Craxi.

Ad Hammamet aleggiava questo grande senso di ingiustizia, che noi sentivamo. La mia camera era vicino al salottino e la sera lo sentivo camminare senza pace, lui non dormiva e il suo dolore non faceva dormire neanche me. Ci siamo sentiti una famiglia di reietti perché, lo ripeto, appena usciva un nuovo articolo sui giornali che parlava di mio padre nessuno ci rispondeva al telefono, e nessuno ci chiamava. Provavamo un senso d'impotenza, d'isolamento, anche paura alcune volte.

Quando i miei si sono trasferiti a vivere ad Hammamet per attraversare un esilio tutt'altro che dorato, la casa era ancora organizzata un po' alla buona, come ogni casa di villeggiatura, d'altronde. Il salotto non era tanto grande, in estate si stava in giardino, non c'era il riscaldamento e quando arrivarono lì dovettero pensare a nuovi lavori per renderla abitabile tutto l'anno.

Era il 5 maggio del 1994. Un viaggio straziante, ma lui non disse nulla, il suo solito pudore dei sentimenti.

Io poi ero in una condizione molto particolare, con tre figli molto piccoli. Era veramente un momento difficilissimo, complicato, e mio padre prese la decisione di lasciare l'Italia, perché sapeva che a breve sarebbe rimasto senza l'immunità parlamentare.

Certo, per me era ovvio che sarebbe partito, però non

arrivò mai il momento in cui si sedette davanti a noi per dirci qualcosa di rassicurante come: «Io devo andare, ma andrà tutto bene». Partì e basta, e anche da lontano provò a reagire.

Scriveva lunghe lettere ai giornali e le inviava via fax, ma le sue parole venivano cestinate regolarmente, e a un certo punto furono indagati persino tutti i suoi avvocati. Una volta, finanche, le nostre conversazioni private finirono sul *Corriere della Sera* in prima pagina con me che chiedo a mamma: «Come state?» e do notizia dei nipoti.

Anche se provavamo a estraniarci, ogni mattina uscivo per andare a lavorare e sui giornali leggevo quello che stava accadendo, e non potevo che avere uno stato d'animo ambivalente. Certe volte ero fiduciosa, altre ero presa dall'angoscia e dalla preoccupazione, un sentimento che sono certa di aver trasmesso ai miei figli. Il più grande andava a scuola e i compagni erano aggressivi, gli dicevano: «Tanto tuo nonno lo arresta Di Pietro». Quando decidemmo di trasferirci a Roma li mandai tutti alla scuola americana per proteggerli. Ma non si poteva continuare a condurre una vita normale fino in fondo.

Oggi il peggio è passato. Io sono in Parlamento, Marco è diventato l'amministratore delegato di Banijay, la più grande società di produzione televisiva indipendente al mondo, ma gli anni tra il 1994 e il 1996 furono durissimi, complicatissimi, spaventevoli. Decidemmo di vivere a Roma perché i contatti lavorativi principali con le persone che ci potevano aiutare erano lì, ma anche perché per me era più facile fare su e giù con la Tunisia e stare vicino a mio padre e mia madre. A volte ci andavo per portargli le carte degli avvocati, altre semplicemente per recargli conforto e consentire loro di passare tre giorni sereni insieme ai nipotini. Stavamo vivendo una situazione totalmente abnorme. L'esilio in era moderna era qualcosa di tragico, mica eravamo nell'Ottocento. Ancora adesso i miei figli per portare un fiore sulla tomba del nonno devono attraversare il mare. Noi cercavamo di mantenere un minimo di serenità e di quotidianità e di trascorrere una vita normale, mentre lui non ha mai cessato di combattere. Provava sofferenza, ma non la palesava mai. Non l'ho mai sentito lamentarsi, neanche una volta, forse perché considerava quella situazione una conseguenza della politica. Continuava a lottare, anche se arrivavano solo notizie negative. Ricordo la sera in cui arrivò la sentenza Eni-Sai in cassazione, una condanna a cinque anni, una palese ingiustizia: era totalmente estraneo ai fatti, non c'entrava nulla, ma per tutta la sera ad Hammamet non squillò mai il telefono. Lo abbandonarono tutti, anche coloro con cui aveva condiviso le battaglie più importanti. Certo, alcuni tradimenti lo hanno colpito umanamente, nel profondo, ma, davvero, non si è mai lamentato della sua condizione, la sua unica preoccupazione erano le sorti del Paese.

Come funzionava il finanziamento illegale ai partiti lo sapevano tutti, mica solo Craxi. Anche perché a quei tempi i partiti si occupavano davvero di creare universi culturali a largo raggio, finanziavano centri studio, riviste, opuscoli, convegni, studi di ricerca su qualsiasi argomento potesse interessare la società, e poi c'erano i viaggi per tessere rapporti internazionali, l'aiuto ai perseguitati politici, alle cause di libertà. Erano macchine molto grandi, e costava tutto. E ripeto, erano meccanismi che conoscevano tutti, e tutti conoscevano ciò che riguardava tutti.

La politica non è rimasta unita. Una parte si è posizionata a sostegno «della rivoluzione», un'altra per paura è rimasta nascosta, l'unico che rimase a difendere il primato della politica contro i potentati economici e finanziari e la magistratura è stato Craxi.

Adesso tutti dicono che «le personalità della Prima repubblica, rispetto a oggi erano dei giganti». Certo, c'erano uomini di grande cultura, di grande esperienza, di grande capacità, sì, ma nessuno ha avuto il coraggio di mio padre. Altri, come Andreotti, si facevano notare per un forte senso di Realpolitik, però anche lui in Parlamento non si alzò. In quel frangente a mio parere la politica dimostrò anche poca lungimiranza. Perché probabilmente difendere Craxi poteva significare prepararsi a difendere sé stessa. Anche perché prima o poi il rombo dei carri armati, il rumore della guerra, doveva finire. Dopo l'assoluzione di Andreotti la battaglia si affievolì, le notizie arrivavano sui giornali sempre più deboli e distanti, i processi rallentarono. Noi avemmo chiara la sensazione che ormai l'obiettivo era raggiunto e non serviva spingersi oltre. Basti pensare alla durata dei processi. Il primo processo a Craxi si conclude in due anni, in un Paese in cui la media di un processo importante è di dodici anni. Due anni per una sentenza definitiva, da non credere. Poi il silenzio.

Da quell'ottobre 1998 non successe più niente fino all'agosto successivo, ma poco prima arrivò anche il momento in cui mio padre rischiò di perdere una gamba per il diabete. Passai tutta la prima notte con un dottore tunisino, un giovane ortopedico coraggioso che voleva salvargli la gamba contro il parere di tutta la sua équipe e ci riuscì. Ma bisognava stare attenti che non salisse la glicemia e passammo tutte le notti seguenti in ospedale. Ogni ora c'era quel controllo, e con lui c'eravamo io e Nicola ad alternarci. Nicola andava al mercato e gli comprava le costolette d'agnello, poi gliele cuoceva in un cucinino dell'ospedale. Purtroppo lui non stava attento come avrebbe dovuto per fronteggiare quel maledetto diabete. Per lui la malattia era una seccatura, aveva di meglio da fare che curarsi, gli passava ben altro per la testa. Quindi non si curava, non aveva timore della sofferenza, non si è mai spaventato, e anche se si sentiva male e si riprometteva di tenere un regime di alimentazione e di cure più rigido, non riusciva a rispettarlo per più di due giorni.

Ad Hammamet, con molto tempo a disposizione e tante cose da dire, si mise a scrivere un romanzo giallo, che poi feci pubblicare da Mondadori, il titolo è *Parigi Hammamet*, nel quale lui racconta il golpe della finanza che si prende gli spazi della politica e ne approfitta per raccontare sé stesso e il suo rapporto con il cibo e con il suo stato di salute che peggiorava. Il suo rapporto con la malattia era quasi di indifferenza, per lui era solo un impiccio che gli impediva di essere completamente operativo.

Arginarlo non era possibile. Nel film di Gianni Amelio, *Hammamet*, in cui mio padre è interpretato da Pierfrancesco Favino e io da Livia Rossi, sono descritta come se avessi la sindrome del cane pastore, io che gli gestisco l'alimentazione, che gli sto dietro con le medicine. In parte ci provavo, ma con lui non era possibile. C'è la strofa di una celebre e bellissima canzone di Lucio Battisti che dice «Come può uno scoglio arginare il mare?...» Ecco, tra me e lui in quel momento era così, e per di più io ero uno scoglietto... e lui sapeva che comunque avevo una famiglia cui badare in Italia. Aveva una personalità debordante, per certi versi straordinaria. Mia mamma resisteva a modo suo, piegandosi come le canne fanno col vento. Io qualche volta provavo qualche intemerata, irrimediabilmente senza successo.

Eppure era un uomo di grande sensibilità. Una volta andò da lui Giancarlo Lehner, direttore dell'*Avanti!*, era molto preoccupato, gli mise davanti un appunto e disse: «Sai Bettino, abbiamo scoperto che tre giornalisti dell'*Avanti!* sono a libro paga del Kgb», i servizi segreti della Russia sovietica. Mio padre vide i nomi e rispose: «Uno ha una malattia molto grave. Uno ha tre figli da mantenere, uno ha un mutuo da pagare. Ma sai che c'è? Lasciali stare, potrà mai cambiare la storia del mondo?» Chiunque altro li avrebbe fatti fuori immediatamente.

La sua scorta rimase con lui per tantissimi anni, quando non era più presidente del Consiglio gliela volevano ridurre, ma ormai erano di famiglia. Ogni volta che arrivava in un posto e loro lo avevano preceduto, li cercava subito con gli occhi, sapeva tutto di loro, delle loro famiglie, ed era protettivo. Io gli ho visto fare vere e proprie scenate se in qualche incontro istituzionale o in prefettura a Milano mancava il tavolo per la scorta o per Nicola l'autista. Se mancavano le attenzioni per la sua scorta diventava una furia. Non importava dove fosse, se si trovasse alla Casa Bianca o al Comune di Milano, o alla festa dell'*Avanti!* in qualsiasi luogo d'Italia, pretendeva rispetto per tutti, umili e potenti. Ancora oggi quando possiamo ci vediamo a cena con i ragazzi della scorta, diventati ormai uomini. C'era in lui una corrispondenza reale tra idee e comportamenti, il socialismo coincideva con il suo stile di vita. Era attento alle persone, sempre a suo modo, non rinunciando mai alla sua ritrosia, ma se per esempio trovava per strada, tornando a casa, un pittore squattrinato di Brera lui finiva per comprargli un quadro. Non sapeva cosa farsene, ma lo comprava. Era un moto che aveva nell'anima con grande garbo e senso vero di umanità.

Mi raccontò Gaspare, il proprietario di un piccolo ristorante milanese, che da lui per un periodo si presentava sempre una signora un po' anziana caduta in disgrazia. Una sera la signora entrò a chiedere soldi e cibo mentre c'era Craxi e lui chiamò immediatamente Gaspare e gli disse di farla sedere al tavolo e di offrirle la cena. Mio padre era anche curiosissimo delle persone e con chiunque era capace di fare dei veri interrogatori. Era veramente attento ai giovani, era generoso. Aveva un rapporto con il denaro di totale distacco. Non ha lasciato una lira, se aveva cinquantamila lire e trovava una persona che aveva bisogno di cinquantamila lire... gliele dava. Anche il rapporto con il denaro, dunque, era completamente legato al suo rapporto con la politica: era solo uno strumento per poter fare politica, e non viceversa come spesso accade oggi, con la politica eletta a strumento per fare soldi.

Probabilmente – specie nel periodo dell'esilio – in cuor suo sapeva che al suo fianco c'ero io. Sono stata io a pagare le spese per gli avvocati, per i medici, per l'operazione. Non mi ha mai fatto un complimento in tutta la sua vita, no. Non so perché ritenesse che gli altri meritassero più attenzione dei suoi figli, forse ci riteneva fortunati, e di certo c'entrava anche il suo approccio alla politica che, rispetto alla famiglia, è un'attività centrifuga.

Mio padre iniziò a non stare bene.

Io non andai ad Hammamet quell'ultimo agosto, e mia mamma probabilmente non se ne accorse anche perché lui non disse niente. L'estate tuttavia trascorse con quel peggioramento, poi il 25 ottobre, che è anche il giorno del mio compleanno, mia madre mi telefonò per farmi gli auguri. Io ero in Provenza con Marco. Ne approfittai e le chiesi: «Mamma, è tutto a posto?» E lei con il suo solito modo di fare serafico mi rispose: «Sì, tutto bene, ho ricoverato tuo padre in clinica». E io incredula: «Scusa mamma, ma perché papà sta in clinica?» «Non si sentiva tanto bene ma è tutto a posto.» Ancora adesso io come la chiamo? Maria Antonietta... e la incalzai: «Allora è tutto a posto...?» Insomma, non mi fidai, e chiesi a Marco di portarmi a Marsiglia per prendere il primo volo per Tunisi. Arrivai alle nove di sera, mia madre mi aveva preparato la torta di compleanno, io la guardai e chiesi: «Mamma, dov'è papà?» Andai subito alla clinica Le Violette, chiamai il dottore e lui mi spiegò finalmente cosa stava succedendo. «Guardi, suo padre ha una forte fibrillazione cardiaca, non sappiamo a cosa sia dovuta, però sa... questa è una clinica, qua si partorisce, non abbiamo mezzi, non abbiamo nulla. Mi sono permesso di chiamare il ministro della Sanità che è disposto a consentire il ricovero all'ospedale militare di Tunisi, sta arrivando un'ambulanza. Il paziente è in camera, se vuole andare...»

Mi precipitai da lui e mio padre non si girò nemmeno, dava la schiena alla porta. Gli dissi: «Ciao papà, senti... i tunisini hanno disposto il tuo ricovero all'ospedale militare di Tunisi». Sempre senza girarsi rispose: «Ci vai tu». A quel punto uscii dalla stanza e demandai tutto ai medici, gli avrebbero detto loro dell'opportunità di andare all'ospedale e lo avrebbero caricato sull'ambulanza... I medici dell'ospedale militare in effetti arrivarono poco dopo, entrarono in camera, gli dissero: «Il ministro della Sanità ha disposto il suo ricovero all'ospedale militare di Tunisi». Allora mio padre, pur di non essere sgarbato nei confronti del ministro tunisino, accettò. Ancora la politica... Finalmente si girò e mi guardò, poi mi disse: «Vabbe', prendi la macchina che andiamo». I miei genitori ad Hammamet avevano una Mercedes degli anni Settanta, di colore beige. Un'auto che avevo paura di prendere anche solo per andare in paese. Non mi fidavo a guidare, era notte, io col buio non vedo bene... Provai a spiegarglielo. Gli dissi: «No papà, guarda, non me la sento, c'è l'ambulanza, vengo io con te». Fu una fortuna. Salimmo in ambulanza e sulla strada per Tunisi lui ebbe due crisi respiratorie. All'ospedale trovammo tutto il reparto di terapia intensiva schierato e il generale Dhari, che era il capo dell'ospedale. Lo ricoverarono in terapia intensiva. Dhari mi chiese di andarmene e io mi rifiutai, riuscii a convincerlo e a farmi dare una sedia per restare fuori dalla stanza. C'era la vetrata. Lui aveva gli occhi chiusi ma non dormiva, non parlava, e al mattino dopo aspettai che fossero le nove e chiamai immediatamente don Verzé per chiedergli aiuto. Gli raccontai l'accaduto, lui mi consigliò di stare tranquilla e di aspettare che i medici completassero tutti gli esami. Io feci esattamente quello che lui mi disse, poi con un dispiacere gigantesco lasciai mio padre lì da solo, raccolsi le carte e me le portai all'ospedale San Raffaele a Milano. Iniziai il viavai con il San Raffaele, l'équipe medica riunita guardò le carte e mi dissero: «C'è una macchia sul rene, un tumore, forse, potrebbe essere quello che ha scatenato la fibrillazione cardiaca. Però il problema è che le condizioni del cuore di suo padre sono molto compromesse e quindi non siamo in condizioni di fargli una biopsia». Mi chiesero ulteriori accertamenti, per cui ripresi il viavai. L'ospedale militare a Tunisi, i nuovi esami, ancora il San Raffaele, dove mi confermarono la vecchia diagnosi aggiungendo che tuttavia mio padre doveva essere operato al più presto per via del tumore. Lì cominciò un nuovo peregrinaggio che durò circa un mese tra ospedali e avvocati perché in Tunisia non avevano le competenze e la tecnologia per operare mio padre e bisognava convincere la procura di Milano a farlo trasferire in Italia.

Don Verzé scrisse a Borrelli, che gli rispose con una lettera terribile, agghiacciante, in puro burocratese. Era difficile persino convincere lui! Una volta gli chiesi se si potesse trovare un'altra strada per operarlo, per esempio, in Francia, e lui si arrabbiava. Una volta mi disse, di nuovo infuriato: «Non ti permettere mai più di mancare di rispetto ai medici tunisini, che stanno facendo quanto in loro potere per curarmi».

Le provavo tutte. Chiamai Ferrara e gli dissi: «Senti Giuliano, chiama il tuo amico (mi riferivo al presidente del Consiglio), vedi se riusciamo a ottenere un salvacondotto, perché mio padre rischia molto». Ferrara mi richiamò poco dopo e mi disse che D'Alema non poteva aiutarmi e che casomai si poteva provare la strada francese. Iniziai a sperare, ma il mattino dopo il portavoce del primo ministro Lionel Jospin, Manuel Valls, era su tutti i giornali per aver detto che Craxi in Francia non era gradito. Cos'era successo? Non lo so. Io avevo parlato solo con Ferrara, e lui penso solo con D'Alema, non lo so.

Io cercavo solo di aiutare mio padre come potevo e spesso senza dirglielo. Chiamai Gennaro Acquaviva, il capo della sua segreteria a Palazzo Chigi, con cui Craxi aveva lavorato al concordato tra Stato e Chiesa del 1984, e gli chiesi di farmi andare in Vaticano. Acquaviva mi procurò un appuntamento con il cardinal Sodano, che mi ricevette una sera di novembre e mi disse che capiva perfettamente la situazione, e mi accennò financo alle responsabilità dei comunisti. Ma si limitò a consegnarmi due rosari benedetti. Wojtyla stava già molto male. Non c'era niente da fare. Arrivò il momento in cui non c'erano più alternative, l'operazione andava fatta, anche se era molto rischiosa non si poteva più aspettare. Andai dal generale Dhari, che gestiva l'ospedale, e gli chiesi di agire, anche perché l'ultimo consulto al San Raffaele non andò come speravo. Volevo convincere l'équipe operatoria del San Raffaele a scendere a Tunisi, ero con don Verzé, ma il cardiochirurgo si alzò in sala riunioni e mi disse che non se la sentiva di operare in una struttura sconosciuta. La stessa cosa mi fu detta dal primario di anestesiologia. Guardai don Verzé e, sconsolata, gli dissi: «Adesso cosa facciamo?»

Il dottor Patrizio Rigatti, tra i più noti urologi, si offrì di operare a Tunisi a patto che qualcun altro si occupasse delle cure cardiologiche e dell'anestesia.

Tornai a Tunisi, incontrai il generale Dhari e lui accettò di ricevermi con i suoi assistenti, poi mi negò l'autorizzazione. A quel punto, con le spalle al muro, mi avvicinai a lui e gli dissi: «Generale, se fosse suo padre, lei cosa farebbe?» Lui ebbe un moto di umanità, mi guardò con dolcezza e alla fine acconsentì.

L'operazione ebbe luogo giorni dopo e mio padre nel frattempo fu rimandato a casa. Quando arrivò il giorno fatidico partimmo all'alba da Hammamet con la vecchia Mercedes: alla guida c'era Nicola, fuori dall'ospedale trovammo un giornalista Mediaset, Luigi Fenderico, con la telecamera: era un compagno socialista, mio padre abbassò il finestrino e pronunciò solo una frase: «Me la cavo». Non è stato così.

La sera che precedette l'operazione rimasi in albergo a Tunisi. Ero sola e terrorizzata, considerati gli elementi di difficoltà che l'intervento comportava. Le uniche facce conosciute ravvisate nella hall dell'albergo erano gli inviati dei giornali di cui diffidavo, e che per me in quel momento rappresentavano dei «nemici». Ma mi invitarono a cena e accettai pur di non rimanere sola di fronte alla mia paura. E così con alcuni di loro nacque un'amicizia e un sentimento di condivisione che dura ancora. Il mattino dopo, quando arrivammo in sala operatoria, il generale Dhari presentò al professor Rigatti i medici tunisini che avrebbero dovuto occuparsi dell'intervento. Mi venne un brivido per tutto il corpo. Dissi: «No, forse non ci siamo capiti. L'intervento lo farà il professor Rigatti». Il generale cadde dalle nuvole e rispose: «Questo è un ospedale militare, io non posso far operare qualcuno che viene da fuori». Avevo mio padre intubato, ma tenni duro. Dissi: «Io non me ne vado da qui finché lei non mi garantisce che l'intervento verrà condotto dal professor Rigatti». Probabilmente chiesero l'autorizzazione al Palazzo di Cartagine. E così fu.

Nell'attesa dell'esito portai mia mamma, che nel frattempo era arrivata, in un centro commerciale per distoglierla dalla tensione. Ci chiamarono ore dopo, a operazione finita, per dirci che tutto era andato bene. I medici erano contenti, il cuore aveva retto sebbene l'intervento fosse stato molto rischioso.

Quando lo portarono in camera io ero con lui. Era sotto gli effetti dell'anestesia e mi disse due cose dolorosissime. La prima fu che aveva sognato di essere a Milano, segnale che la nostalgia per la sua città era una ferita persistente che lui non palesava; e la seconda, perché ovviamente non era lucido, fu un segnale di cedimento. Mi disse: «Il generale Garibaldi non è più con me». Fu straziante e io risposi rassicurandolo che si sbagliava, che Garibaldi era lì con noi, come siamo abituati a fare con chi soffre e non è lucido. Di nuovo percepivo il dolore profondo causato dall'esilio, non poter tornare in patria era un pensiero costante che lo straziava.

Prima che potessi capire, tuttavia, mi prese da parte la dottoressa Ornella Melogli e mi disse: «Stefania, devo dirti una cosa, forse abbiamo aspettato troppo, il tumore è entrato in circolo». Fu un nuovo duro colpo e, dopo che lo riportammo a casa, mi capitò di rimuovere quell'ennesima brutta notizia. Non è una cosa che mi succede spesso ma quella volta il mio inconscio attivò un processo di rimozione, tant'è che mentre lui continuava a deperire per il tumore io chiamavo il San Raffaele dicendo che avevo bisogno dei loro medici ad Hammamet perché era depresso.

Arrivò il Natale, passai le feste in Tunisia con tutta la famiglia. Lui non stava bene ma teneva duro. Dall'Italia era giunto a trovarlo l'ex presidente della repubblica Francesco Cossiga, il quale ebbe poi negli anni successivi modo di raccontarmi di quell'incontro con mio padre. Ricordo Cossiga seduto nell'elegante salotto borghese di casa sua, con alle spalle la foto di Aldo Moro. Mi disse, prima divertito, che raggiunse Hammamet proprio nei giorni della crisi del primo governo D'Alema, e fece aspettare il capo dello Stato Carlo Azeglio Ciampi che lo attendeva per le consultazioni. Poi, però, Cossiga si rabbuiò, quando con la mente ripercorse le parole del suo amico Bettino: «Lo sai, Francesco, questa è l'ultima volta che ci vediamo».

Cossiga mi rivelò di aver chiesto a mio padre perché non avesse detto nei colloqui con i magistrati che strade prendevano i finanziamenti illegali, vale a dire quelle del sostegno alle cause di libertà di mezzo mondo. Egli, però, si sentì rispondere da un Craxi quasi infastidito che mai avrebbe mischiato le grandi cause di libertà internazionale con le sue miserie giudiziarie. Io, a quel punto, azzardai una domanda, facendo leva su una confidenza che nasceva dall'aver visto lui, unico politico, a cena a casa nostra a Milano la sera del funerale di nonno Vittorio, una cerimonia che si era svolta anni prima nella chiesa del quartiere dove il nonno viveva, pieno di bandiere rosse socialiste.

«Presidente» gli chiesi «perché si dimise tre mesi prima della naturale scadenza del suo settennato?» Non ottenni risposta.

Tornando al dicembre del 1999, io fui costretta a rientrare a Roma per dedicarmi a un trasloco – per gli psicologi a quanto pare una delle più forti ragioni di stress assieme ai lutti – e restai via una decina di giorni, fino al fatidico 19 gennaio del 2000.

Quel giorno arrivai ad Hammamet al mattino, mia madre era in partenza per Parigi per fare degli esami clinici, mi ero preparata a una lunga permanenza, lasciando i bambini ai miei amatissimi suoceri Gianni ed Emilia, lei, soprattutto, una roccia che mi aveva sempre supportato quando mi ero ritrovata sola con la mamma lontana.

Non pensai di chiedere a mia madre una reperibilità immediata, in che albergo fosse, o un numero dove rintracciarla, diedi per scontato che ci saremmo sentite alla sera, come d'abitudine. Io continuavo ad avere l'idea che lui fosse depresso, tant'è che a pranzo gli dissi: «Dai, papà, stasera non c'è mamma, è partita, ce ne usciamo a cena io e te».

Mio padre nemmeno rispose e continuammo a mangiare, parlava come al solito di politica, chiamò uno dei suoi più cari amici che gli è rimasto sempre vicino, Walter De Ninno, compagno socialista, che aveva lavorato tutta la vita al partito, c chc ogni mattina gli inviava la rassegna stampa, e parlarono di politica. Mio padre, tanto per cambiare, parlò di politica, voleva che Walter dicesse a Enrico Boselli di non mettersi con i comunisti. Finimmo quel pranzo mesto, andammo a sederci nel salottino, e ricordo che in televisione c'era un programma di Paolo Limiti, un servizio su Gallipoli. Lui commentò: «Ho girato tutta Italia ma non la conosco». Sempre quella lancinante nostalgia. Poi mi disse che voleva riposare e mi chiese un caffè, io andai in cucina a prepararlo, aprii la porta della camera con il vassoio in mano e lo vidi riverso sul letto, stremato. Buttai il vassoio all'aria e mi precipitai su di lui, che esalò l'ultimo respiro.

Ho visto mio padre morire tra le mie braccia.

Quelli successivi alla sua morte furono momenti difficili e toccanti.

Dopo poche ore arrivò un aereo, credo messo a disposizione da Berlusconi. A bordo c'erano mio fratello, mio marito e altri amici, che mi trovarono disperata. Mi riempirono di tranquillanti, dosi da elefante, e dormii fino al giorno dopo, quando arrivò un sacco di altra gente. I miei suoceri, i bambini, arrivarono tutti l'indomani. Mi ricordo di Yasser Arafat, che fu tra i primi ad arrivare, mentre dall'Italia, i primissimi furono Pier Ferdinando Casini e Marco Follini, che erano anche miei amici personali.

Ricordo anche il funerale e l'omelia del nunzio apostolico di Tunisi Fouad Twal, poi diventato il patriarca emerito di Gerusalemme dei Latini, la sede più importante della Chiesa cattolica in Israele, e che allora era il vescovo di Tunisi. Cominciò: «Beati i perseguitati dalla giustizia perché loro sarà il regno dei cieli». E ricordo don Verzé che mi cacciò in bocca l'ostia consacrata – non facevo la comunione dai tempi della scuola – il suo intervento venne definito da alcuni dei cronisti presenti come incendiario.

Il governo mandò Marco Minniti e Lamberto Dini, la solita ipocrisia all'italiana. Minniti, a un certo punto andò da uno degli inviati, il giornalista Marco Sassano, e gli chiese: «Ma se io vado a fare le condoglianze alla famiglia, che cosa succede?» E Marco Sassano gli rispose: «Dipende da chi vai». Sapeva quanto fossi arrabbiata. E non ero la sola, all'uscita dalla cattedrale ai membri del governo vennero tirate le monetine.

Si chiudeva così, simbolicamente, un cerchio.

Più passa il tempo, più diventa chiaro di che pasta fossero i sogni di Craxi. Più passa il tempo, più Craxi riprende il posto che gli spetta nella storia positiva della repubblica. Certo, l'ingiustizia commessa non si può cancellare. Tanto dolore, la lontananza dal Paese a cui ha dedicato la vita intera, la rinuncia a tutto ciò per cui aveva vissuto, la politica, il Paese, il partito, anche la sua città, non sono riparabili.

Quando decisi di intraprendere la battaglia politica a difesa della verità, mi vennero in mente le sue parole durante una delle ultime interviste: «Finché sono vivo mi difendo da solo, quando sarò morto chi mi difenderà?».

Non so se perché dalla mia famiglia ho tratto la propensione alla lotta, non so se perché sia vero quel bel proverbio musulmano che dice «quel cucciolo è figlio di quel leone», so solo che non ci ho pensato due volte.

Ma la Storia verrà scritta bene, e mi piace pensare di aver avuto una piccola parte affinché ciò avvenga. Comunque sia, la politica, quel maledetto 19 gennaio, tornò prepotentemente nella mia vita. Più che altro, non se n'era mai andata.

INDICE

Prefazione *di Paolo Del Debbio* 7

Introduzione 17

1. Una compagna per la vita 23
2. Una comunità di destino 37
3. Hammamet capitolo 1 57
4. Milano-Roma 63
5. L'orgoglio, la paura, la speranza 69
6. Una vita tutta mia 76
7. In viaggio con Bettino 98
8. Venti di guerra (1987 1991) 113
9. La fine della politica 127
10. Bugie 148
11. Hammamet capitolo 2 156

Finito di stampare nel mese di ottobre 2024
su carta holmen
con fibra vergine proveniente da foreste sostenibili holmen.com/paper
presso Grafica Veneta S.p.A.
Via Malcanton, 2 – Trebaseleghe (PD)
Printed in Italy

Certificato PEFC
Questo prodotto è realizzato con materia prima da foreste gestite in maniera sostenibile e da fonti controllate
PEFC
PEFC/18-31-226
www.pefc.it

GRAFICA VENETA
GV CARBON NEUTRAL

Questo libro è fabbricato da Grafica Veneta S.p.A.
con un processo di stampa e rilegatura certificato 100% carbon neutral
in accordo con PAS 2060 BSI